私が選ぶ 高齢期のすまい活

近山恵子・櫛引順子・佐々木敏子 著

彩流社

もくじ◉『私が選ぶ高齢期のすまい活』

第2章

あなたは高齢期、どこで、どんな人と、どんなふうに暮らしますか？

第5章 私たちの提案・提言

第6章

私たちの選択——住まいの選択は、生き方の選択

あとがき——共生のすまいづくりを共につくっていきましょう

本書の内容は、２０２２年10月におこなったインタビューをもとにしています。

まえがき――高齢期、あなたは自分らしく生きられますか？

この本を手にしたあなたは、高齢期、病気やケガで入退院した後や体が不自由になったとき、その後の住まい方や暮らし方について、自分で選べるでしょうか？

要介護状態なら特別養護老人ホーム、入れなければグループホーム、それとも高齢者住宅や老人ホームを探すのですか？

医師やケアマネージャーなどの専門家のアドバイスは、あなたの意思を尊重してくれますか？　そして家族は？　子どもたちやパートナーは、あなたの望む生き方、暮らし方を応援してくれますか？

選択肢が狭いと感じていませんか？

高齢期の選択は、いのちの選択に直結します。そこにあなたの望む選択肢はありますか？　望む暮らし方を選べますか？

ピンチはチャンスです。この本は、多くの人が直面している困りごとや疑問から、選択のヒントを探します。

第1章……私たちは、思い込まされている

＊高齢期を暮らしやすくするために、今日から準備できることとは

◉老後の資金をどう確保する？

インタビュアー（以下略。1971年生まれ）　老後資金は2000万円必要*と言われたりして、高齢期にいくらかかるのかを皆心配しています。

近山（1949年生まれ）　金額だけ一人歩きさせる、脅しのような言葉ですね。具体的に考えてみましょう。あなたは、いま、いくらで生活しているのですか？　貯金はいくらありますか？　年金や保険はかけてますか？　趣味や楽しいことはなんですか？　いまの働き方を続けていきますか？

佐々木（1952年生まれ）　働けなくなったとき、毎月いくら必要なのか？　一回シュミレーションしてみるといいかもしれません。

近山　それから生活設計を立ててみましょう。現在の積み重ねの続きに高齢期があるのですから。あなたが、いま何歳でも、現在から自分の生活設計*を立ててみる——そこから、高齢期の生活も考えてみませんか。

——年金で生活されているそうですが、みなさん本当に年金で生活できるのですか？

櫛引（1951年生まれ）　2016年から、サービス付き高齢者向け住宅（以下、サ高住）「ゆいま～る那須」に住んでいます。入居時は母と2人でした。入居を検討し始めたとき、親子で年金事務所へ行って、年金がいくらあるか、確認しました。私は年金が月12万円。ゆいま～る那須*のサポート費と共益費月3万9420円（2021

＊老後資金2000万円問題
　2021年金融庁金融審議会が提出した報告書によると、高齢者夫婦世帯の収支が平均毎月5万4520円赤字になっていることを基に30年間で2000万円の赤字となるため、高齢期までに2000万円の資産形成の対策が必要となる。この提言で議論を巻き起こした。

▼参考図書…垣谷美雨『老後の資金がありません』（中央公論新社。天海祐希主演で映画化）

＊生活設計とは
10年後、20年後どんな暮らしを希望するかを整理するための人生整

年4月値上げで、現在は4万1290円）ほか8万円で暮らしています。15年分の家賃分を一括前払いした後は、年金で暮らす目途が立ち、入居を決めました。
　住宅費用を一生分まとめて支払う契約です。入居後、住宅費を心配しないで良いと思ったとき、予想以上の安心感が得られました。

近山　家賃以外ひと月12万円で暮らすという生活設計です。2010年、那須地域で、「住宅費用1000万円台、ひと月12万円で暮らす」を打ち出しました。女性が一人で管理職にならずに働き続けてきた場合、年金が月12万円、老後の住宅費用として1000万円、そこから老後の暮らしを考えて、価格を想定しました。「ひろばの家・那須1」*も管理費はひと月4万1000円です。私は有言実行で、管理費以外月8万円で生活しています。すし屋にも行っています。東京では8万では暮らせませんが、那須では可能です。

――年金を払っても無駄って、よく聞きますが？

櫛引　半世紀前、私たちの若い頃も、「年金なんてかけても無駄だよ」という話がありました。未来への不安もあり、そうかなあとも感じていましたが、高齢者住宅の仕事に関わるようになって、年金のありがたさを実感しました。年金は、死ぬまで支払われるので、生活設計の柱になります。年金が無いと、貯金がいくらあっても安心できません。何歳まで生きるか分からないのですから。

近山　私たちが若いときに、先輩が50歳で年金をまとめて受け取ってしまった。まと

理の方法の一つ。「那須まちづくり広場」ではセミナーも定期的に開催。「生活設計で計画したことの半分は達成できている」（近山談）

＊ゆいま～る那須
（一社）コミュニティネットワーク協会が企画し、株式会社コミュニティネットが2010年栃木県那須町に開設した自立の方向けサービス付き高齢者向け住宅。2018年社長交代後、入居金の支払い方法、管理費などの改定が行われた。

＊ひろばの家・那須1
「那須まちづくり広場」（栃木県那須町）に2023年1月開設した自立の方向けサービス付き高齢者向け住宅49戸。2025年1月に増設32戸、

めて受け取ったほうがいいとすすめる風潮があったんです。

櫛引　年金*を機能しないようにしようという勢力があるように感じます。そういうのにだまされないようにしてほしいです。

◉高齢期に働く

――高齢期でも働くことは選択肢にできますか？

近山　もちろんできます。マイペースで、できる範囲で、好きなだけ働けばいい。「那須まちづくり広場*」で働いている人の事例がいくつもあるので、見ていただきたい。話だけではにわかに誰も信じないのですけれど、いつだって働けます。

国が決めた年齢による分断によっていろいろなことを決められていて、働くということが高齢者や障がい者から奪われているのですが、それを大方の人は普通だと思って受け入れてしまっているわけです。でも、生活するのにお金が足りなかったり、やりたいことがあるなら、働けばいいんです。

世の中が決めてしまった退職という仕組み、高齢者というみられ方。そのことによって社会性を失わされていると感じます。でも人の役に立つ、役割があることは生きがいにつながります。人材不足といわれているけれど、本当に人材不足ですか？と問いたい。活用していないだけではないのか、と。

その後第3期6戸を予定している。

＊年金
日本の公的年金制度は、働くことができない人を社会全体で支える「社会的扶養」の考えを基本としている。2024年7月、厚生労働省は、現役世代が将来年金をどのくらい受給できるかの推計を公表。個々人の働き方を踏まえた試算は初めて（24年8月29日、東京新聞8面参照）。

＊那須まちづくり広場
（一社）コミュニティネットワーク協会の「那須100年コミュニティ構想」に基づき、「那須町を生涯活躍の町」にすることを目指して、那須まちづくり株式会社が、廃校

お金が足りない分をマイペースで働こうと思えばいいのに、そういうふうに発想できない人が多いと感じます。解決策があるのに、そこに発想がいかないように、非常に思い込まされているようです。みんなコントロールされているんですね。私はすぐ解決策を自分で作ってしまおうとします。

――いつから準備すればいいですか？

佐々木　働けなくなったときいくらで暮らすのか、その準備をどうするのかというあたりのことを、50歳くらいから生活設計を立てて、考えておくと気が楽だと思います。若いうちから考えておかないと。私は個人年金を利用しています。これがいいかどうかはわからないけれど、私にとっては、支えになっています。

近山　シェアハウスというか、**友だち同士で暮らせばなんとかなると思っている人がいるけれど、仕組みがないと難しい**でしょう。それの解決の仕組みが助け合いというシェア。かつて村落共同体でやっていたことです。シェアハウスに入っても、そこはただ価格を安くした場所でシェアですらなく、価格を解体しただけです。**シェアって本当は分かち合いのこと**ですよね。

◉移動、交通はどうする？

――那須のような地方は、交通が不便ではないですか？　買い物、病院などはどうし

を活用して、18年栃木県那須町に開設した地方創生・多世代共生コミュニティ。20年地域づくり表彰「小さな拠点部門」で国土交通大臣賞を受賞。22年、ふるさとづくり大賞団体表彰（総務大臣表彰）を受賞。24年、樋口恵子賞を受賞。

▼参考図書…藤村靖之『月3万円ビジネス　100の実践』晶文社、『自立力を磨く』而立書房。

ていますか？？

櫛引　那須に来る前は東京都にある多摩ニュータウンの団地に母と住んでいました。バス停の目の前にコンビニがあり、エレベーターが後付けされている棟で、団地の中でも便利なところを選んで住んでいました。

ところが母が部屋の中で転んで、骨折ではなかったのですが、腰痛がひどく歩けなくなり、目の前のコンビニにも自分で行けなくなると、その便利さはまったく意味のないものになりました。しばらくして母は短い距離は歩けるまでに回復しましたが、今後を考えて「ゆいま～る那須」への入居を検討したのです。

入居後、通院、買い物にはハウスの送迎車を利用しました。帰宅時は自宅のすぐ横まで車が来てくれて、重い買い物のときは、スタッフに荷物を持っていただけて、「那須のほうが便利！」と母と共に実感しました。またコミュティの中に住む安心を感じました。

近山　日常生活は豊かで充足していたいですよね。なにが豊かなの？　とか、なにが充足しているの？　なにに生きている実感をかんじるの？　というのをそれぞれが、自分自身で、もう一度たしかめたほうがいいですよね。自分らしく暮らすとは何かということを。

櫛引　「ゆいま～る那須」の発展形である「那須まちづくり広場」は、カフェ、マルシェがあり、ホールでは、学びと実践のセミナーやワークショップ、楽しいコンサートなど様々な催し物があり、アートギャラリーでも毎月いろいろな作品展示があります。音楽好きで、パッチワークなど手芸を趣味にしていた母が「那須まちづくり広場」を見たら、どんなに驚き、喜んだかと残念に思います。通所デイサービスは外出や行事の多いところを選んだ母でしたので「那須まちづくり広場」へ行くことをケアプラン*にとりいれたかもしれません。

それに「那須まちづくり広場」には、最期まで暮らせる仕組みがあります。介護の方向けサ高住や「定期巡回・随時対応型訪問介護看護」と「訪問介護」事業所、高齢者向けデイサービスです。

近山　「ゆいま～る那須」は、（一社）コミュニティネットワーク協会*の「那須100年コミュニティ構想」のスタートです。開設当時から、看取りにも対応できる仕組み作りは課題でした。ようやく、「那須まちづくり広場」で、その課題解決の仕組みをつくることができました。その仕組みを、これから、いかに活用していくのかが新たな課題となります。

佐々木　「ひろばの家・那須1」の送迎車は、「ひろばGO！」といいます。9人乗りです。日替わりで、那須町や白河市や黒磯方向へ。病院、クリニック、スーパー、町役場、金融機関、郵便局、駅、図書館、レストラン、温泉、映画館などを巡回しています。「ひろばGO！」は、「NPO法人ワーカーズ・コレクティブま～る」が担っている送迎システムで、会員登録すれば、地域の方も利用できる助け合いの仕組みです。

＊ケアプラン
ケアプラン（介護サービス計画書）は利用者が直面している課題や支援方法、介護保険サービスの内容をまとめた計画書。94ページ参照。

＊（一社）コミュニティネットワーク協会
1999年設立。子どもから高齢者まで、様々な価値観を持つ人たちが、世代や立場を超え、お互いの生活を尊重しながら、ともに支えあう仕組みのあるまちづくり「100年コミュニティ構想」を提案し、実践している一般社団法人。賛同する市民の寄付や会費等で運営されている。

また「あさひ倶楽部」は、相互扶助の会で「やってほしいこと、時間さえ合えばできること」を実践します。送迎や買い物代行などの希望が多いようです。

那須町の行政サービスとしては、デマンド型乗合交通があり、「那須まちづくり広場」にも「のりあい交通停留所」があります。また、那須町在住の75歳以上の方は、年間約3万円相当の福祉タクシー券を那須町から受け取れます。

◉高齢期のために家を買う？

――高齢期に備えて家をバリアフリー*に改装するとか、家を購入する人もいますが？

佐々木　**お金は、極力使わないで、と言いたいです。後で、もう一回引っ越すことになりますよ。**最近も60歳目前の人が入居相談に来られて、高齢期に備えて家の購入を考えていると言ったんです。私はやめたほうがいいと言いました。家が資産だと、まだ思っている。それと田舎に帰りたいという人も。実家に帰りたい、そのために家を建てるっていう人もいました。それもやめて賃貸にしたほうがいいと提案しました。いまだけ見ていて、実際の70歳以降の高齢期の暮らしをするところまで見ていないから、お金を使ってしまおうとする人が多いです。

近山　私は、家を資金繰りにするなと繰り返し言ってきました。**元々、住宅は福祉政策の基本なので、もうけの対象にしちゃいけない**と私は思っています。しかしなが

＊バリアフリー
多様な人々が社会参加する上での障壁（バリア）をなくすこと。建物・交通機関などの物理的障壁（バリア）や言語や文化的な心理的障壁（バリア）をなくすことが課題。

ら、日本の政策が、家を資産として、それで経済成長してきたのでみんな家を不変的な資産だと思っている。

でも自分目線で見直してください。家があれば、何が安心なのか？　必要な時に売却できるのか？　自分にとって必要なものは何か？　リアルに考えないといけない。

佐々木　一般的な家だと、もう一度住み替えを考えないといけないし、バリアフリーならそれでいいというわけでもない。

近山　偏った知識で、バリアフリーにするところだけやってしまう人もいます。**バリアフリーというのはサポートがあってのバリアフリーですから、本来はサポートが先です。**

40年前のことです。私は母の介護の時、２００〜３００万をかけて家をバリアフリーにしました。やってみて思ったのは、段差より人手が大事だということ。これが、当時の私にはわかっていなかった。皆さんも、きっと思わぬ経験をされますよ。まず、自分がどういう暮らしをしたいかを考える。そして、最期まで自分らしく生きるために必要なサポートは何かを考えることが大事。

そのために必要なのは、ヒト、モノ、カネ、情報ではないですか。そこをモノのところだけやるというのは、最悪のやり方です。**情報から入って、「ヒト」にいって、「カネ」を見て、「モノ」をやるという順番が本来。**それを多くの人が「モノ」と「カネ」から入ってしまっています。

◉退院後の要介護で一人暮らしは本当にムリなのか?

――母が退院したら一人暮らしはムリなので即施設へ入るよう、医者から言われました。病院のケースワーカーもケアマネージャーも一体になって施設探しの道筋を用意していましたので、無理なんだと思いこみました。要介護状態で、本当に在宅での一人暮らしは無理なのでしょうか?

近山 在宅で一人暮らしを追求することは可能です。その場合は24時間の介護が可能な地域なのかを調べます。24時間介護が地域にないのであれば作らないとなりません。だって国の方針は在宅介護ですよ、在宅介護を推進せよ、なんですから、しなければ……。

訪問介護にも、24時間対応可能な「定期巡回・随時対応型訪問介護看護」という介護サービスがあります。在宅をすすめようと2016年にできた仕組みです。日本の医療制度や介護保険制度の枠組みはできていると思いますので、活用の仕方だと思います。賢い利用者になりましょう。

それなのに「定期巡回・随時対応型訪問介護看護」はヘルパーの賃金が低く設定されているために*、この事業をやる事業者がほとんどないのが実情です。

＊ケアマネジャー
介護支援専門員が正式名称。介護保険法等を根拠に、ケアマネジメントを実施できる資格、または有資格者。要支援・要介護認定者およびその家族から相談を受け、介護サービスの給付計画（ケアプラン）を作成、自治体や他の介護サービス事業者との連絡・調整を行う。

＊ヘルパー賃金　看護師との賃金比較

つまり制度上は、あるにもかかわらず、実際はほとんど運用されていないのです。介護保険事業所への報酬が安いので、事業所はやればやるほど赤字になってしまうからです。国は在宅ケアを推進するといいながら、介護保険事業者に赤字を出してでもやれと言っているようなものです。

ですから、自宅に住み続けたい人を支えるのは、いまのところ訪問看護は採算がとれるので、訪問介護は昼だけで、夜間は訪問看護という例が多いです。訪問看護の価格であれば、事業として成り立ちます。命を支える側にいる人たちは自宅に住み続けたい人を支えたい、在宅ケアをできるだけやりたいと思っていると思います。だけれどもいまのヘルパーの賃金では、難しい。さらに移動時間の賃金はほとんど出ません。

――自宅に住み続けたい人を支えるのは、いまのところ訪問看護というわけですね。でも、「那須まちづくり広場」には、「定期巡回・随時対応型訪問介護看護事業所」を導入されたのですね。採算は？

近山　「那須まちづくり広場」は「切れ目のないケア」を目指しています。介護保険事業所としては地域密着型通所介護事業所「あい・デイサービス那須」、定期巡回・随時対応型訪問介護看護と訪問介護事業所「ワンランドケア那須」があります。週何回かデイサービスを利用したり、週何回かのヘルパー対応で良い時は訪問介護事業所を利用し、一日何度もヘルパーが必要となったような時は、定期巡回・随時対

平均給与は、看護師37万3750円、介護士31万7540円で、およそ6万円の差、さらに病院、クリニックの看護師を含めると看護師の平均給与は40万ほどになる（2022年介護従事者処遇状況等調査結果、厚生労働省）。33ページ参照。

応型訪問介護事業所を利用することになります。同時に二つの介護サービスは利用できません。その時々の状況や希望で選択できます。

「那須まちづくり広場」には、住宅は3種類あります。自立の方向けサービス付き高齢者向け住宅「ひろばの家・那須1」、と介護の方向けサービス付き高齢者向け住宅「ひろばの家・那須2*」と多世代賃貸セーフティーネット住宅「ひろばの家・那須3*」です。

「ひろばの家・那須2」は要介護1以上の方が暮らすサービス付き高齢者向け住宅です。入居する方は「定期巡回・随時対応型訪問介護看護事業所ワンランドケア那須」と契約します。「ひろばの家・那須2」の入居者全員が契約するので、それが「定期巡回・随時対応型訪問介護看護事業所ワンランドケア那須」収入の基礎となり、黒字を目指せます。

「ワンランドケア那須」は定期巡回・随時対応型訪問介護看護を提供しています。「ひろばの家・那須1」に住んでいる方、「ひろばの家・那須3」に住んでいる方、さらに近隣の地域で車で15分程度の自宅に住んでいる方も、24時間の介護サービスを受けることができます。

「定期巡回・随時対応型訪問介護看護」の契約は、日中一人で、自宅で過ごされている方の安否確認や昼食提供など生活支援を受けることが可能です。「定期巡回・随時対応型訪問介護看護」の契約は要介護度に応じて、月額定額で契約し、日々の

＊ひろばの家・那須2 旧朝日小学校の屋内プールを改築して、2022年1月に「那須まちづくり広場」（栃木県那須町）に開設した介護の方向けサービス付き高齢者向け住宅。

＊ひろばの家・那須3 2022年6月に旧朝日小学校校舎東側2階に開設した賃貸で入居できる「セーフティーネット住宅」。

変化に合わせて、支援内容が融通が利くという良さがあります。

自分にとって必要な支援が何かによって、デイサービスに通うのか、自宅で訪問介護・訪問看護を受けるのか、「ひろばの家・那須2」に入居するのかなどの選択肢があります。

「ひろばの家・那須2」は、生活保護受給者が入居できる価格帯を意識しています。食費を抑えるために近隣の農家などから野菜の寄付を募ったりして工夫しています。「ひろばの家・那須2」はワンランド㈱*が運営していますが、地域での社会資源の役割があると思っています。そのことを共有しあえる方々などがボランティアで支えようという活動が始まっています。

◉高齢者住宅のサポート費とは？

――高齢者住宅のサポート費（管理費）とは、何の費用ですか？

近山　一人では難しい生活面をサポートする仕組みの維持費用となります。緊急時に駆けつけるとか、毎日の安否確認や困りごとの相談を受けたり、365日食事を提供する仕組みを作ったり、送迎車の運行など、高齢者に必要な支援やコミュニティに必要なものをサポートする費用として「ひろばの家・那須1」では、月々4万1000円（一人入居の場合）を支払います。これは、集まって暮らす住むメリット

＊ワンランド㈱
「那須まちづくり広場」の介護が必要な方のサービス付き高齢者向け住宅、「ひろばの家・那須2」、地域密着型通所介護事業所「あい・デイサービス那須」、定期巡回・随時対応型訪問介護看護「ワンランドケア那須」を運営している介護事業者。本社は福島県郡山市。

の一つです。集まって住むことによって、価格を抑えられます。

サポートについては、その目的を、私たちは「自分らしく生ききる」ということばで表してしています。自分がこうやって生ききって死にたいということを支えてくれるものが、サポートの仕組みですね。

たとえば、緊急対応をスタッフが機能的に対応するのでは満足できないですよね。機能的にやるのであれば、家にいてブザーを鳴らして来てもらう警備会社とそう変わらないでしょう。そうではなく、**私の暮らし方をスタッフはわかってくれていて、その人の生活や価値観をわかってくれるから、病に倒れたときでも、あなたはこの方法を望んでいましたよね、ということをわかってくれる。**たとえば、あなたは長男に言わないで長女に連絡してほしいのねとか、そういう、**その人の価値観や生活スタイルや、家族の事情などに配慮できるのが、私は入居者対応であり、サポートだと思っています。**入居時に「ライフプラン*」を書いていただくのは、そのためです。

いま、**世の中の多くのサポートが機能的な対応になっているのではないかと思います。でもそれは、生活ではない。その人がなにを拠り所に生きているのか、生活をしているのかをわかったうえで緊急対応をする。**そうすると、スタッフが、入居者のことをよくわかっていて、その上で身近にいるということが大事なんです。それで、「運営懇談会」や「人生１００年・まちづくりの会」など暮らし方を話しあう場が多くあるのです。

＊ライフプラン
高齢者住宅に入居する際に記載する書類の一つ。病気や入院の際の対応の希望や連絡先等、さらに最期の時をどう迎えたいかなど自分の希望を記入する。毎年一度見直しをすることを勧めている。

◉退院後、サ高住には住めるのか？

——退院後、介護ヘルパーのいないサ高住には住めるのでしょうか？　それは無理だというケアマネージャーが多いようですが。

近山　サ高住は自宅なのですから、在宅を選び、在宅サービスを追及できます。それをほとんどのサ高住はやってこなかったということです。ケアマネージャーや主治医の認識不足もあると思います。在宅という選択肢があるのに、病院と施設と在宅を切り分けすぎている。だから特養待ちになってしまいます。家で暮らす、在宅を選ぶということではなくて、特養が空いていないから、他を探すとか、仕方なく家で暮す、ということになってしまっている。**生活する人間としてどうか**、ではなく。

——**生活する人間として考える？**

近山　そうです、そこで家政学を学んでほしいと考えています。家政学は家事を学ぶことと勘違いされがちですが、生活の基本を学ぶ、生きるための基礎を学ぶのが家政学です。だから私はそれを学校で教えるべきだ、義務教育で教えるべきだとずっと思っています。家政学を義務教育の中に取り入れてほしいです。いま学校で、金融のことを教え始めているみたいですよね。「えっ、生活ではなくお金から入ってしまったのか」と残念に感じました。「家政学から入って暮らしの中のお金」という順の捉え方をしないと、稼ぐほうにばかり目が行ってしまう感じですよね。投資の授業のようになってしまった……。家政学というとわかりにくいので、今は「生活科学」や「ライフデザイン」などの名称になり始めているようです。

櫛引　みんな死ぬってことを想定しないで生きてるように思えます。いつまでも生きるつもりになって、元気であることがすべてみたいな。これを飲めば見た目こんなに若いままでいられますという宣伝があふれています。生き物なんだから、老いて最期は自然に還るというのは当たり前なのに、それを忘れたような感じ。やはり、最期をどこでどんな形で迎えたいかも想定しておかないと、間違えた道に行きそうだなと思います。

近山　そう。それで生活設計とか家政学とかと言っているのです。

櫛引　祖父母などが家の中で亡くなるという体験もしていない人が多いですね。

近山　そうですよね、人の死を見たことがない。だから、死んでいくときに体温が下がっていくとか、そういう実感もたぶんない人が多いでしょう。

佐々木　私もそういう経験がなかったので、高齢者住宅をつくる仕事に入ったとき大変でした。昨日元気だった入居者が急に亡くなられたりするのですから。

◉自分らしくとは、これまで通りということ

――最期まで自分らしくって、どういうことでしょうか？

近山　「自分らしく暮らす」という言葉を使いがちですが、それはつまり、これまでの生活の延長上にいたいということですよね。

自分が生きがいを感じ、「生ききる」ために、何が必要かを考えてみることですね。これまでの生活の延長上に自分がいようと思った時に、それを支えられる仕組みが必要だから、そこを考えるのです。

でも現実は、施設型で住めば安心だとか、生きながらえればいいだろうというほうが重視されてすり替えられたりするので、全然違うものになってしまうんです。そんなことは望んでないですよね。私なんかはそんな望まない環境でただただ命が長らえさせられるのは絶対にいやです。ですから、できることはやっておかないと。

いま日本にある制度では、大多数が命のサポートはしているでしょう。ただ、その人らしい暮らしや生活を支えているのかということについては、多くがそうはなっていないです。自分らしく、文化的に生ききるための発想が少ないですよね。

もう何十年も前のだいぶ古い話です。東京都のある区に初めて特別養護老人ホームが開設した時のドキュメンタリーをテレビで観たのですが、細かいことは忘れましたが、車いす生活で視力が弱い方で、支援者がいて在宅で暮らせていたのですが、その方がすぐその特養に入所したのですね。それで「なぜあなたは在宅で暮らせるのに、特養に入所したのですか？」と質問されました。すると「僕がずっと俳句を作り続けるための環境がここにはある」と言うのです。

安心して暮らせて、最期まで生きる糧の俳句が作れる環境があるので、あえて在宅から特別養護老人ホームの生活にきりかえられたのです。その時すばらしい決断のできる方だと感心しました。１９９１年のことです。

◉高齢者は障がい者？

――高齢期に障がいを持つこともありますね？

近山　私が１９９０年代、介護型の有料老人ホームを運営していた時、中途障がい者の自立を考え行動するボランティアグループのリーダーに出会いました。高齢者は中途障がい者になりがちなので入居者やスタッフに活動内容をお話ししていただきました。中途障がい者は障がいを受け入れることが大変なんです。それまで持っていたスキルが使えなくなってしまうので、できないことに慣れないのです。とてもストレスが高くなります。私の母は75歳から左手と左足が不自由になりまして、両手で使っていたものが扱えなくなって、イライラしてしまっていろんなものを壊しました。

そういう時、歩行困難な方には健脚な方が、手が不自由な人には手が使える人が協力しあえばいいとその方は言われました。助け合うことで自立した生活が続けられるし、仕事を辞めざるをえなくなっても、いま世間で求められていることででき

＊90年代に運営していた有料老人ホーム
シニアハウス武蔵浦和のこと。１９９１年に株式会社生活科学運営が埼玉県さいたま市に開設した介護付き有料老人ホーム。親子で住むことができた有料老人ホームであり、近山恵子と佐々木敏子が、共に母親と住んでいた。

＊中途障がい者
病気や事故などによって、人生の途中で障害を負った人のこと。高齢期には、中途障害を負う人々は多い。

ることがたくさんありますよと、そうやって仕事を続けるのだと。その時、自分たちにあう仕事を生み出せば、仕事はあるのだと思えました。

現状が普通だと思ってものごとを見るからおかしくなるので、現実からものを見ると可能性が広がると思います。それを当事者同士で話しあって解決に向けた方法を考え、実行していくのが参加型なんです。

自分らしい暮らしとは何か、何に生きがいを感じるのか。そこを考えながら、生活設計をしてみることから始めることを提案します。

◉病気や事故から入居まで

――病気や事故など、思いもよらないことが起こりますよね？

近山　時々起こることなんですが、相談されていた人に電話すると通じなくなってしまうことがあるんです。入居を考えていた方と急に連絡が取れなくなることもたまに起ります。

そういう時は、亡くなっているか、倒れているか、入院したか、怪我してるか、認知症になったかなのです。そういうことで、その方のご自宅に飛んでいくこともあります。

突然認知症になることを、ほとんどの人が日常的に考えていません。字面ではわかっていても、その時のことをいま準備する人はほとんどいません。認知症は突然なるのではないのですが、気がつくのが突然のことが多いのです。

ちょうど今回「ひろばの家・那須3」に入居検討していた方に突然思いがけないことが起こりました。でも、助かったのは、その方のネットワークがしっかりしていたからです。

その方はある地方都市郊外の団地に住んでいました。ある日急に電話が通じなくなり、私たちもその方の友だちも、その方は「ひろばの家・那須3」に入居するつもりだったことがわかっていたので、心配で連絡をし続けたのです。すると、地域包括ケアの担当の方が、その方のお友だちに連絡をしてきて、「その方は認知症になりました」と言いました。「急に倒れて、手術をして戻ってきたけれど、那須にはとても行けませんよ」と言われました。それを私は、本人からではなく、他者から聞いたのです。

しばらくして、本人から電話がありました。ようやく自分の手元に携帯電話が戻ってきたたと。そして「近山さん、私、那須に行ってもいいのよね？」と言うのです。

いろいろ話を伺ったら、具合が悪くなりクリニックにかかったら、くも膜下出血だったので、手術のできる病院に搬送されました。手術を終えてそのクリニックに戻った時、拘束されたのだそうです。その後、その方が拘束をとかれ自宅にもどれたのは、その方のカルテのなかに、地域で著名な医師の名があったから。この医師の患者を拘束などしたらマズイという判断がクリニック側にあったのではないかとご本人は言われました。

その後、無事に那須に来ることができました。その体験談を入居される方たちの前で話しました。こんなことが起こるのですよ、おひとり様で油断していると、と。そうしたら、「あら、うちでもあった」という声が出て、ものすごく驚きました。

こんなことがみなさんの身近で起きているということを知っておきましょう。

佐々木　違う事例ですが、認知症になった方をお友だちが伴走して入居相談にこられた例です。その方は猜疑心が強くなってしまって、友人も信じることができなくなっていたみたいです。私たちもそうなると入居相談をすすめることができなくなります。その後その方は行政に相談にいったことを確認しました。その後は、地域包括が動いて特養などへ、ということになると思います。私たち民間企業は動けないことがあるのです。

近山　**「自分らしい暮らし」を最期まで目指すことは、一人ではできません。サポーターが必要です。人の輪はセーフティネットでもあります。若い時からの生き方が、高齢期の暮らしにつながります。生活設計を立てて、課題が見えてきたら、実行できるように、そこからがスタートです。**

——高齢になるまで考えないできたけれど、「ひろばの家・那須1」に住みたいというのもありですか？

近山　ありです。私たちが40年前にこの仕事を始めたとき、こういう場所があることを知らない人がとても多かったです。こういう場所で暮らすことが家族にとってはマイナスだと捉えられていました。子どもが親の面倒ぐらいみられないのかと。当時、そういう日本の家族観から逸脱した感じでした。

気がついた時が始まりです。そこから生活設計を立ててみましょう(左の表参照)。

「私の希望する暮らし方」　　　　年　月　日

①

②

③

＿＿＿＿の生活設計

	50代	60代	70代	80代	90代
暮らし方					
家族・友人					
仕事					
経済					
健康					
趣味					
その他					

暮らし方、家族・友人、仕事、経済、健康、趣味について、50代、60代、70代…に、自分がどうありたいか、希望や目標を描いてみる。最初から完成しなくても良く、まずは書けるところから書く。たとえば90歳で亡くなるなど、とりあえず設定そてしまうと案外書きやすくなる

私たちの師匠・駒尺喜美さんは、「高齢期こそ、仕事や子育てから解放された自由で自立の季節」と言いました。自分を主人公に、自分らしい生活設計を立てましょう。

▼参考図書…『Oil（老いる）voll.1　あとまわしにしない「生活設計」――「妻・親・子」の役割を降りて、リアルに将来をみる』編集代表近山恵子、ジャパンマシニスト社森の編集室、２０２１年。

▼参考図書…駒尺喜美「高齢期は、仕事や子育てから解放された自由で自立の季節」『老いの住宅大作戦―手づくりシニアハウスのすすめ』駒尺喜美・生活科学研究所、三省堂、１９９１年。

《コーヒーブレイク》〜昔の村落共同体では、死が日常にあった

近山恵子

私は団塊の世代、1949（昭和24）年生まれで、新潟の農村地域で生まれ育ちました。

そこでは葬式があると、集落の仕事は全部休み、田植えだろうと稲刈りだろうと休みです。学校はいきましたが、葬式はお坊さんに来てもらって、自宅でやりました。近所のお母さんたちが葬式をだす家に集まってきて、通夜と葬式の料理を作る。そして、もち米のおにぎりを配ったりしたので、子どもの頃はめでたいことだと感じていました。

当時、村には「燃やし場」という遺体の焼き場がありました。棺を担いで運んで「燃やし場」に置いて火をつけて燃やす。その周りを故人の親族、縁者がゆっくり歩きまわる。他の人はそれを周りで見ている。ある程度になったら、その日は帰って、翌日「燃やし場」へ行って、骨を拾う。だから死を体験できたし、実感しました。

そういう「燃やし場」が各集落にあったのですが、私が小学校の高学年になるころ、今のような火葬場が一つ作られました。小学校6年の時に父方の祖母が亡くなったのですが、その火葬場を利用したはじめての人でした。葬式は自宅で行いましたが、燃える棺の周りを歩いたりすることはなくなりました。

祖母は亡くなるまで2階の仏壇がある部屋で寝ていました。私は「ばあば」と呼んでいました。トイレは1階にあり、ばあばは階段を下りていけないので、おまるで用をたしていました。私は

ばあばの横に寝ていて、ばあばのおまるにたまったものを階段を下りて、トイレに流して風呂場で洗っていました。いま思えば、大変なことですよね。当時も、なんで私が……と思ったけれど、上の兄姉から仕事が順繰りに下に降りてきて、私の下には猫しかいない状態ですから。いまでいう、ヤングケアラーですよね。

時々医者と看護婦が来ていました。その医者や看護婦は村で雇っていたと思います。いま思うとばあばには褥瘡《じょくそう》（床ずれ）があって骨までみえていましたが、それは年をとれば普通のことと思っていました、医者も看護婦も誰も何も言わなかったので。そうだ、ばあばはお歯黒でしたね。入れ歯だったけど。

ばあばが死にそうになった時、お坊さんを呼びに行って、枕もとでお経を唱えてもらいました。ばあばが寝込む前には、月に一度そのお寺の説法会に一緒に行ったりしていました。私はお坊さんの説法より、後ででる「お斎《とき》」という食事が楽しみでした。枕元でお坊さんにお経を何度か唱えてもらい、ばあばは自宅で息をひきとりました。

《コーヒーブレイク》～ホームヘルパーが起こした国賠訴訟

宮下今日子

2019年11月、3人の現役高齢ヘルパーが、あまりにもひどい労働環境にたまりかね、国の責任を問う裁判を起こした。

お宅を一軒一軒訪問するホームヘルパーは、自転車や自動車で、雨、雪、強風、猛暑でも、遠距離でも、またコロナ禍でも働く。しかし、この移動時間に賃金がほとんど支払われていない。危険手当もない。キャンセルも待機時間もほぼ無給で、労働基準法では事業者に支払い義務があるが、実際には支払えないのが実態。なぜなら、事業所を運営するには報酬単価が低すぎる上に、報酬に含まれる項目が示されず、原告はずっと国に求めたが、国は一向にその調査資料を公表しない。介護記録やカンファレンス、研修などの時間も不十分で、あまりに漸弱な制度だ。その責任は国にあると不敵にも訴えたのがこの裁判だ。

裁判所は、地裁、高裁とも国の責任は認めなかったが、高裁は、長年にわたって賃金水準の低さや人手不足などの問題を解消できない政策課題があることを認めた。赤字事業所が4割近くあり、倒産が増え、ヘルパーの有効求人倍率は15倍を超えている。保護する立場の国に責任を問うのは当たり前だろう。

高齢期をどう暮らすか？　これは大きなテーマだ。人は、自分の力だけで暮らせなくなる時が必ずくる。「切れ目のないケア」には、介護保険制度のヘルパー支援が欠かせない。以前は人気

があったホームヘルパー。大先輩からの学びは多いと、私も訪問介護を楽しみにしたものだ。しかし、今、ケア時間は短くされ、流れ作業と化している。日常会話をする時間すらなくなっている。一人暮らしとなると人との会話は楽しみの一つ。それが元気の源になる。原告の藤原るかさんは、韓国の制度では、コミュニケーション時間がケアに確保されているし、認知症ケアも特別な枠を設けていると教えてくれた。日本の訪問介護は、賃金や待遇が悪いだけでなく、介護を変質させ、働き甲斐を奪っている。

原告は、２０２４年４月中旬に最高裁に上告した。裁判に負けたら「介護保険制度上の訪問介護の崩壊状況が生じた責任を、介護保険制度を構築し運営してきた国（厚生労働行政）に負わせないことを許容するという結果を是認することになる」（『上告受理申立理由書』）と強気で攻める。国の不作為は数え上げればきりがなく、裁判はその実態を炙り出す。国を相手に争ったヘルパー裁判はまさに「ヘルパーの乱」。歴史に残る裁判になるかもしれない。

（みやした・きょうこ　フリーライター）

第2章

あなたは高齢期、どこで、どんな人と、どんなふうに暮らしますか？

◉夫婦の問題をあいまいにしない

――入居相談で「夫が入りたがらない」と相談が多いそうですが、どう答えますか？

佐々木　女性が介護を担うことが多いことに、女性は気がついています。夫も生活感覚が鋭い方だと早くに決めてくれるのですが、妻がやっていることに興味を持たない人は、動きが鈍い。

近山　夫のほうはいやいや来る人が多いですね。

佐々木　近山さんは「別れたら？」と言ってしまいますね。そこまで言わないと、気がつかない女の人もいます。

近山　離婚ではなく、別居したらどうかということ。**あいまいにしたいことについて、あいまいにはできないということを伝えるのが相談の入り口**です。困りごとというのはみんなあいまいにしたい。困ったことはちゃんとは見たくないわけだから。先送りしたいのだけれど、それはできないのよということです。こういうふうに私は、人が言ってくれそうにないことを言葉にして伝えます。

佐々木　妻が熱を出したとき、ここ（高齢者住宅）にいないと大変だということに気がついた夫もいます。それで実際に決意した人がいます。妻が決心すると夫はぶらさがるようにして来ることが多いですね。

近山　将来の生活を想像しやすい環境にいる人は決断しやすいですよね。息子の妻が外国人で料理が口に合わないので同居はしたくないとか。

あるご夫婦は、一人息子が難病で結婚を選ばないということは決めていて、親の介護はしませんとはっきり言えるし、できるわけがないと親もわかっているという親子関係です。わかりやすくて、あいまいにしない、できない関係ですよね。

佐々木　先のことまで見えている人は、決断が早いです。

◉親の財産を自分のものにしたい子ども

――子どもが反対するとか、問題になる場合は？

佐々木　財産、お金の問題がほとんどです。家を売却して、ここ「ひろばの家・那須1」に入居を決めた人の例ですが、息子が家を売らないでくれと急に言い始めました。「仕事を辞めて実家に戻りたいから、お母さん家を売らないで」と言ったらしくて。でもお母さんのほうがしっかりしていて、「いいけれど、ひろばの家に入居したら預金だけでは不安が残る」と息子に言い続けました。つまりそれ以降のお金はあなたが払うのか？　ということですよね。その子が家に住むのなら、家賃を払ってくれればいいわけだけれど、息子はそこで諦めたようです。すごいなあ、この方はと思いました。

近山　**子どもは、親の金は自分の金だと思っている場合が多い**です。なるべく使わずに遺してほしいと、普通に考えています。きょうだい間でもありますね。今回入居を考えていた方で、契約を断念した例もあります。

佐々木　お姉さんがここに入るつもりで、妹に保証人になってもらいたいと伝えたら、金銭的に援助してくれと言われてしまったようで、泣く泣く入居をあきらめました。

――家族は支えでしょうか、それともしがらみでしょうか？

佐々木　**家族がいればいいとみんな言うけれど、家族が一番大変。**家族が本人の意思を尊重していない例を多くみました。上野千鶴子さんは「家族がいるばかりに……」と言っています。*家族にもそれぞれ立場があるし、自分の都合、配偶者の考えや事情、世間体などいろいろ不確定要素が入ってくるのです。

近山　コミュニティネットワーク協会の相談事例ですが、子どもから「いますぐ財産分与しなければ、家に火をつける」と言われたという相談もありました。**子どもは親の金は自分のものだと思っている。追いつめられると、親に対して何でも言います。**

◉娘に従ったその先に……

近山　もう30年ほど前のことですが、ある典型的な経験をしたことがあります。夫婦で私たちのところに入居しようとしていたのですが、契約する前に夫が亡くなられ

＊家族がいるばかりに　『上野千鶴子が聞く　小笠原先生　ひとりで家で死ねますか』（上野千鶴子・小笠原文雄、朝日新聞出版　2013年）で述べられている。

てしまった方の例です。

長女が東京近郊の少し奥まったところに戸建てを所有していました。たまたま運悪く、その隣に空き家ができて、「お母さん早くいらっしゃいよ」ということで、その方はすごく喜んで隣に暮らすことを選択して転居しました。彼女にとって娘夫婦の隣に住むというのは、娘と会話ができる、食事ができる、孫と話もできる、一緒に出掛けられる、介護もなんとかなるかもと夢の三世代同居を考えたのでしょう。けれど、娘は習い事で留守がち、その夫はエリートで夜中まで仕事をしていた。孫はエリートを目指して塾に行っています。つまり、まわりには知っている人が昼間誰もいません。娘と一緒の暮らしをイメージしてやってきたのに、知らない地域の一軒家におひとりさまになってしまったのです。徒歩圏内にスーパーはなく、運転はできないので、自分で買い物に行く道を断たれ、近くに友人もいなくなってしまいました。行って初めてそのことに気がついたのです。

その方からいろいろ相談を受けていたけれど、そのうちにその方は障がいを負ってしまい、車いす生活になってしまいました。

その方は、「何が何でも自分で歩きたいから、自分が納得できるまでリハビリしたい。だからその間、短期入居させてほしい」と言われたので、「いいですよ」と言ったのですが、やっぱり娘の手前、来れなかったのです。

またその後運悪く、家の近くに特別養護老人ホームができてしまったのです。そしてそこが満室になる前に入居しましょうと娘に言われて、入居させられてしまいました。**「施設に入ってくれれば安心」っていうわけです。でもこれって、誰のための安心なんですか？**

私が会いに行ったらそこはひどくてね。「いらっしゃい」も「こんにちは」もない。私は彼女のお客なのにもかかわらず、スタッフは話している私の頭ごしに、「お昼ですよ」と声をかけてくる。「お客様が見えてよかったわね」でもなんでもない。私は透明人間のような扱いでした。

彼女は新聞を取っていました。100人ほど暮らす特養のなかでただ一人とのことでした。そんな時、大江健三郎*さんがノーベル文学賞を受賞しました。彼女はそれが嬉しくって誰かに話したかった。でも、話す人がいないんです。

つまり、**価値観を共有できる人がいない**のです。それで私に電話してきたので、「寮母さんと話したら」と言うと、それをやると他の入所者に嫉妬されると言いました。私との電話でしかしゃべれないんです。

娘夫婦の隣の家に転居するという選択の先にこのようなことが待っているとは、誰も思わないでしょう。つまり、いまどうするかということは考えられても、自分の選んだ道が、最期に何を自分にもたらすのかということを考えられる人は少ないのです。リアルで幾通りかの生活設計が必要ですよね。

自分がどう暮らしたいかを具体的に考えての生活設計が大事だと思います。

＊大江健三郎
1994年、日本文学史上2人目のノーベル文学賞を受賞。

いまでも息子、娘、甥、姪や親戚の反対はよく聞きます。高齢者住宅などという所に行くことが世間的に恥ずかしいというのが、ひとつ。それとお金。たとえば「ひろばの家・那須1」に入居したら一生分の家賃の前払いとして1000万円は支払うので、手持ち資金が減るわけです。その人が自宅にいれば1000万円が残るし、自宅も残るわけです。せめて特養などに入居してくれたら、相続を受ける立場からすればラッキーという感じです。

――そんなことを考えちゃうんですか？

佐々木　考えちゃうんです。ありがちなことです。一方で、子ども、甥、姪がどうにかしてくれるのではないかとか、期待を捨てられない人は、子どもや親戚に反対されたときに負けてしまいますね。実はまだ女性は自分の意思を曲げる方が多いのが実情です。

近山　そういう場合、「ではどこまでやってくれるの？」と質問してくださいとアドバイスしています。でも、質問できない、言えない人がほとんどです。言えないけれど、絶対やってくれないと悟って、さようならと言える人と、言えないから「きっとやってくれるはず」と期待して選択してしまう人と、人生が大きく分かれてしまう。**高齢期の選択は、いのちの選択**です。

◉離婚に踏み切れない妻

――離婚したいけれど、老後が不安だから踏み出せない、という女性がいますが？

佐々木　年金改革で、夫の年金を半分受けとれる制度ができました。*だから、その半分で生活設計を立てて、入居している方もいます。その制度の施行を待って離婚した人もいます。

近山　これは画期的な制度です。半分がいくらになるのかを調べてから、離婚交渉をしましょう。私は年金が少ない人や無年金の人に、年金のある高齢の方と入籍することを勧めたことがあります。一人、真剣に考えた人がいました。

佐々木　無年金の女性っているんですよ。１回も国民年金の保険料を払っていない人です。これだと、離婚できないですよね。

近山　世帯の財産は、夫のほうは自分のお金だと思っているのですが、妻は自分の金だと思っていない節があります。そこでややこしくなってしまいます。

ある事例を紹介します。夫の浮気で熟年離婚した方です。

夫のほうから離婚を言いだしました。早く出ていってくれみたいな。夫は、結婚をする前から複数の女性と付き合っていたようで、その方はそれを分かって結婚しています。その方は家に財産がいくらあるか知らず、無防備に生活していたようです。

＊年金分割制度
離婚時に結婚していた期間の厚生年金部分を配偶者と分ける制度。２００７年から開始。国民年金は分割できないが、第３号被保険者であった方は、相手方の厚生年金を２分の１分割できる。当事者間の合意が必要で、合意ができない場合は、家庭裁判所に申し立てをする。年金については12ページも参照。

離婚調停中、夫からその方への言葉の浴びせ方はひどく、それだけでも訴訟を起こせるくらいのひどさだったようです。でも、それはごく普通にあることだとも思います。

この方は夫の海外転勤に同行して、現地で家政婦を雇い、夫の仕事関係の客を自宅に招くなど、全部仕切ってきたわけです。共同経営者と言えるぐらいです。でもその方は、自分がそれほど働いていたとは、自覚していません。

佐々木　夫の実家は資産家ですが、離婚の遺産分与では、夫との世帯だけの財産しか考慮されないのです。

近山　離婚が成立して、夫名義のマンションからスーツケース2個だけ持って家を出て、生まれて初めて六畳一間のウィークリーマンションに移りました。ウィークリーマンションに越したらすごく辛いだろうと思っていたけれど、荷物を置いて、シャワーを浴びていて、気が付いたら、鼻歌が出ていたと。自分の意思で離婚したわけではないが、離婚して正解だったと言っています。

――私でも働けるんですか？と思っている専業主婦が多いと思います。専業主婦の人は「私は何もできないから。あなたとは違うから」、と言う人が多いですね。

近山　そうそう。でも、「そうよ、あなたは働けますよ」と言います。専業主婦の経験が活かせます。高齢者住宅を企画運営してきた過程は、女性の無償労働の有償化と女性の家事や介護からの解放でもあったのです。家事というのは、整理整頓、清掃、料理など幅広い生活知識と実践、コミュニケーション力など、円滑な社会生活に欠かせないものばかりです。

◉保証人を友人に頼む

――身元保証人はやはり身内でないとダメですか?

佐々木　サ高住の入居契約書は都道府県が最終チェックします。入居契約には連帯保証人が必要なため*、誰に頼むか悩む人がいます。

「私の保証人は友人の近山さんなのよ」と言うと、そうかと気がついてお友だちに頼んだ方がいて、その頼まれた方も入居されることになったといったことがありました*。

入居を検討されていた方で家族に保証人を頼んだら、逆に資金援助を求められて、断念した方がいました。頼めるような友だちをつくっておきたいですね。気楽に頼みあえる信頼に足る仲間づくりがとても大切です。

高齢期の暮らしでは、衰えがきたときにいろいろやってもらわないとなりません。任意後見人*を仕事として受けているところがありますが、月々のお金がかかってしまいます。そしてこの後見人は、本当に信頼に当たるのかという問題もあって、けっこう事件も起きているから誰に相談してよいのかわからないということで、悩んで

＊保証人の役割
保証人は、契約者が病気の時や死亡時の連絡・相談、特に契約者が疾病その他の事由で正常な意思の表示ができない場合、契約存続の可否等、契約者の保護に必要な対処をすること、また契約終了後は契約者の身元を引き取る役割がある。

＊保証人を友人に
エンドウノリコさんの例。124ページ参照。

＊任意後見人制度
59ページ参照。

いる人が何人もいます。

「ひろばの家・那須1」では、夫婦やきょうだいなどの場合はお互いに保証人になれますが、お一人になった時は新たに保証人を立てなくてはなりません。たとえば私も近山さんが先に亡くなったら、新たに保証人を立てなくてはなりません。

近山　**血縁の家族が崩壊しているのに、法だけがまかり通っているので、なんとしてでもそれを超える人間関係を作る必要があるのだと言えるでしょう。いま何をやるべきなのかということで大きいのは、自分の人生を一緒に考えられるような友だちをつくるべき**でしょうね。上野千鶴子さんは**「金持ちより人持ち」**と言われましたが、言い得て妙で、納得の言葉です。

（一社）コミュニティネットワーク協会では、このような時のための仕組みを今検討しています。そろそろ形にしたいと思っています。

◉あなたの地域には、支える仕組みがありますか？

近山　相談に来られても、最終的にここを選ばない場合もあります。選ばない人にはこういうアドバイスをします。では、ご自身の暮らしている地域、ずっと住もうという地域でお一人さまになっても、自立して生活できるサービスがあるかないかを調べて下さいねと。

ないものがあるなら、ボランティアをしてでも地域にそれを育てなさいと。それがあれば、あなたが倒れたときに、地域が変わっているかもしれませんよと。そういうアドバイスはしています。

◉高齢者住宅に入居したら、ボケる？

――高齢者住宅に入居したら、安心して、ボケてしまうのでは、と心配の声もあるようですが。

佐々木　この「ひろばの家・那須Ⅰ」では逆ですよね、むしろ頭がはっきりしてきます。入居契約までに、生活設計します。自分で決意するということは、それまでの人生の棚卸し的なことをする方が多いです。そして入居すれば、多様な人が周りで暮らすので、情報はガンガンくるし、素敵な生活をおくる人が周りにいると、ああなりたいと思うようになります。

近山　なりたいモデルが傍にいるって大きいです。一般社会では、高齢者は孤立させられがちですから、ここではまったく逆の環境です。

櫛引　単純なことですが、家族の中で暮らしていると高齢者は「おじいさん」「おばあさん」という呼び名、立場になるけれど、こういうところでは、「○○さん」と最期まで固有名詞の付き合いになります。それだけでも個性を求められるのだから、ボーっとなんてしていられません。

近山　私なんかこのコミュニティから出たら、単なる老人ですからね。月1回歯医者に行きますが、行くとすぐにわかります。医院の若いスタッフが、小馬鹿にしたような言葉を使うから、むこうは普通に丁寧にしているつもりでも、私なんか敏感に感じてしまいます。高齢者のコミュニティにいる時には感じない類いのものですが、「シャバ」に出るとそういうことがあります。

――そうですよね。医療系の場所で、私も特に感じます。日本は個人を尊重する文化が弱いようです。

近山　人間を尊重して対応する教育は少ないですから。ですから、多世代のほうがいいに決まっているのだけれど、ある程度自分を守るためのグループは必要です。自分が社会的規範の老人とか女とか弱い人というジャンルに入れられないために、似たような集団のなかにいるのは大事だと思います。

◉コミュニティって何ですか？

――コミュニティってなんだかわからない、いまさら面倒という方もいます。

近山　どこでも面倒はあるので、なにが面倒かわからないけれど、一番の目的は高齢期の不安を解消するためなのだから、そのためにコミュニティを選択するかどうかということですね。

コミュニティは共通の目的を多様な人々で創り上げるわけですから、情報を共有し、合意形成のための意見交換が必要になりますし、多様な人々がいて、それぞれに自分の役割があるということが大事です。生活するために必要な自治のなかに役割があるということですね。何かをやらなくてもいいし、ただ見ているだけでもいい、いるだけというのもＯＫなんです。役割があることで生き生きと暮らせるし、生きがいもできる。

目的を理解し、そこでの暮らし方に意味があって、居心地が良いと思えるなら、いいとおもいますよ。

たしかにまとまって生きるのは面倒です。まとまって生きるというのは隣に誰かいるということ。どのぐらいの距離を保つかはそのつど計らないといけないですし、誰に対しても敬意を払うということや、自分らしさが殺されないということも含めて考えないとなりません。

でも自分らしく生きることは、一人ではできません。だから仲間を創る、コミュニティを創るのです。自立と共生の折り合いをどうつけるか、日々の問題から、話し合いのできる仲間をどう創るか。一人ではできないということを自覚して、それからが始まりです。

▼参考図書…上野千鶴子『男おひとりさま道』（法研、２００９年）の中で「金持ちより人持ち」が大事だと述べられている。

◉入居後の食事について

――グループホームや特養などの上げ膳据え膳について、どう思いますか？

近山 上げ膳据え膳であること自体が問題ではないと思います。それはいいんですよ。問題は、**食事についてだけでなくその人の暮らし方や価値観にそって選択できる方法なのかです。そのうえでチョイスができるやり方**でないとね。**でも多くの高齢者施設で、食事も含めて選択できるようにはなっていない**のです。**すべからく選択ができる、もしくは希望が取り入れられる、話し合いながら変わっていけるかが大事**です。

佐々木 私の母親が認知症になったときに、一人暮らしが難しかったので、私と一緒に私が勤めていた有料老人ホームに入居してもらいました。もともと母はお酒を飲む人でしたが、認知症と共に歯止めがつかなくなり、アルコール依存症のようになっていたので、ホームのスタッフの申し出で私は同居したのです。一緒に暮らしてわかったのですが、母はなかなかの偏食家で、自分の食べたいものだけしか食べないのですが、入居してから亡くなるまで風邪もあまりひかなくなり健康でした。多分それは栄養士がたてた献立で、いろいろな食材が入っているおかずを食べていたからだと思います。家庭では何十品目とかでつくるはむずかしいですよね。

ある知人のお母さんが要介護状態になったことから、同じ老人ホームに入居してきたのですが、知人が調べると、「一人暮らしの母の食事が粗悪なものになっていたことがわかった」と気づかなかったことに後悔していました。

私の母は偏食でしたが、どうも私にもその傾向があります。それでも健康でこられたのは、職場のみんなで外食したり、呑み歩いていたからじゃないかしら。多様な人々と楽しく食事をすることは大事ですよ。

高齢者住宅は多くの人と食事する機会がけっこうあります。自炊が中心でも、たまにはみんなでご飯食べようよという話になるとか、時に外食をしたりと、普段と違った雰囲気で違ったものを食べる機会があります。

近山　要介護の方向けサ高住の「ひろばの家・那須2」に住んでいる方が、娘さんと外食されました。「ひろばの家・那須2」の食事では、咀嚼する力が弱っているので、細かく食べやすく調理した食事なのですが、この時は好きなお寿司屋さんに行き、猛スピードで食べ始めて、喉を詰まらせてしまいました。娘さんが「ここでお父さん、死ぬのかしら」と思ったぐらいらしいのですが、**ものすごく食べたかったことの表れ**ですよね。やっぱり外食など多様な選択ができないのは、つらいですね。

いままでと変わって良いものと、変わっては悪いものがあって、提供される食事で偏食型にならないようケアされて変化していくことは良いんですが、**だからといって提供されたものだけでは不足で、自分の好みで選択できる暮らし、そこをケアすることがとても大切**です。

やはりここでも、**何のためのケアなのか、その人らしく生ききるためのケアとは何か**、ということになりますね。

◉「ひろばの家」は制度を活用して仕組みを作り出している点が他とちがう

――「ひろばの家・那須1」と、一般のサ高住とは、たとえばどんな点が違うのですか？

近山　たとえば「ひろばの家・那須1」のハウス長・石井悦子さんは、障がいのある娘の南さんとともに入居した方でもあります。サ高住では、一人が60歳以上の方の住宅ですが、届出をすればそれ以下の年齢の人も同居できる、という仕組みがあります。

南さんは車いすを利用して暮らしていますが、「ひろばの家・那須1」に住むと、自分で同じ敷地内にある作業所「すくらむ」（就労支援B型*／生活介護）に通えます。職場に近くて歩いて暮らせるという場所であることが、どんなに自立度を上げるか。そういう身体条件の弱い人の視点に立ってみれば、見えてくることがあります。考えてみれば当たり前のことなのですが、今の状態を可能性を考えずに、どこかで諦めてしまっているたように思えます。

制度ができてしまうと制度に頼ってしまい、制度の中からしか仕組みを考えられなくなるのでしょうか。制度を活用してそれぞれが自立する仕組みを作る発想が少

＊就労継続支援B型
障害者総合支援法に基づく障害福祉サービスの一つ。就労継続支援A型は、雇用契約を結び、最低賃金が保障される。就労継続支援B型は障害福祉サービス受給者証が支給される。

ないのではと思います。それにおちいりがちで、ありがちなことと思います。**制度は当事者の自立のために使ってこそのもの**ですから。サ高住の事業者は面倒なことはやりたがらないでしょう。そうすると、法律のなかの一番楽な方法をとるようになります。**私たちは、自立して、多世代で、どうやって暮らせるのか、誰でもどこでも使える仕組みはどうやって作ればいいのかを考える**ので、法律を調べてその使い道を多様な角度から考えて、解決策としての仕組みを作り出そうとします。必要な仕組みを作るために、制度をもっと調べて、フル活用したいですよね。

どのように活用するか、ということで、すごく違ってきます。同じサ高住を開設しても、これだけ違うわけですよね。あとはたとえば、いまでも犬猫と暮らせるところは少ないんですよね。

――犬猫、ダメですか？　他にはどんな違いがありますか？

近山　そうですね。私たちは「複数契約」と言うけれど、ほとんどのところは「夫婦契約」といいます。たまたまそこで出会って、お金が足りないから一緒に住む、というのでも私たちは構わない。事実婚でもお友だちでもいいわけです。でも、一般的には二人住まいというと、夫婦だと思っています。

前に務めていた会社で、新しいスタッフが総務部に入ってきたとき、そういう考えを知らなかったので、契約書が間違っていると思ってすぐに「夫婦」に変更しようとしたことがありました。その時はその人も私も双方でびっくりしました。

――事実婚でも他ではダメなんですか？

近山　事実婚は、以前は難しかった。今は法律が認めたから、大丈夫だと思います。でも、兄弟姉妹とか友だちは難しいところが多いのじゃないかな？　たぶん考えたこともないのではと思います。

◉コロナでもイベントはやめなかった

――コロナ禍での活動はいかがでしたか？

近山　コロナは人間の考える力を削いでしまったかのようです。これからは「with コロナ」なので、正しい情報をもって行動するということがやはり大事ですよね。その条件の中での快適な暮らしを見つけるのは、一人では無理です。やはり、**こうして考える場があったり、おしゃべりする場があったりという中で、時代に沿った新しい方法が出てくる**んだと思います。

「那須まちづくり広場」ではコロナ禍でもあまりイベントを縮小しませんでした。元学校ですので、窓は広いし、風通しもよく、そばには人家もありませんからね。子どもたちが遊びにきていました。配慮はしていましたが、変わらずやっていました。

佐々木　コロナの問題で入居することになった方がいます。那須に「マ・メゾン光

＊マ・メゾン光星　社会福祉法人慈生会が運営する障害者支援施設。利用者に絵画を描く楽しさを知ってもらうと共に、那須地域の福祉施設や在宅のハンディキャップのある方にも絵画に取り組むことに興味をもってもらうよう働きかけている。さらに「作家たちを応援するネットワーク作り」も行う。

星＊」という全国でも有名な優れた障がい者の支援施設があります。その方は、障がいを持つ子どものために良い環境を求めて、北海道、岩手といろいろ探して、ここ那須まで来ました。その過程を本にしています（『いわて星日和』寿郎社）。そして那須がいいと思って暮らしていたけれど、コロナ感染者が出て施設がロックダウンになり閉鎖されてしまいました。

そうして三カ月、親子二人で暮らしましたが、二人だけでいるとお互いに緊張してしまって、子どもとその方が向き合って暮らすことがたいへんだったといいます。「マ・メゾン光星」は再開しましたが、今後また、何かで閉鎖されるようなことがあったら、と思うようになり、そんなときどこで暮らすのがいいのかと考え、「ひろばの家・那須1」に入居することを決めたとのことです。

――3・11の後のことも、聞かせてください。

近山　ありがたいことに、すぐ近くに非電化工房＊があり、そこを主宰されてる発明家の藤村靖之さんに教えていただいています。あの時那須町は全小学校の運動場を除染しました。一カ所約1000万円の除染費用がかかったようですが、後悔したくないとその時の高久町長は言っておられました。

こんな小さな町ですが、首長にきちんと判断できる人がいて、いいなと思いました。「那須まちづくり広場」では、毎年3・11関連のセミナーやワークショップを開催しています。

＊非電化工房
那須町にある「エネルギーとお金を使わないで得られる豊かさを提案する」私設テーマパーク。代表の藤村靖之さんは「マイナスイオン」を発生する空気清浄機などを発明した工学博士。57ページ参照。

◉誰でもが最期まで自分らしく生きられる仕組みとは？

近山　生まれてきてから死ぬまで尊厳をもって生ききるには、経済の問題と同時に、心身が弱ったときにやりたいことができるようにするための仕組みが最低限必要です。

そのために私たちは、国や行政がやれないものや、地域にないものを作り続けてきました。

経済的自立が、とても粗末にされている感じがします。エリートを目指せとか、トップ志向みたいなことはかなり言われてきた一方で、憲法で保障されているような、あるいはいなくても、少なくとも最低限の生活が営めるための経済的自立です。最低限ってなにかというと、文化的な生活を自分が選べる生活です。私は当たり前だと思ってるので、それを実現するために、ないもの作るという発想でやってきました。

お金持ちは自分たちの金で解決できるし、低所得の人は良かれ悪しかれ福祉の対象になるのですが、中間層の方々の生活をどうするのか、ということに私たちは注目しました。私たちにとって、その層の人たちの困りごとを解決することが、ひとつのビジネススキームでもあるということですよね。

「那須まちづくり広場」には、最期まで生ききる仕組みはありますが、より良く活かすための話し合いの会や取り組みが、始まったところです。その仕組みを納得いくようにどう活かしきれるかが、挑戦ですね。

……………………………………………………………………………………

《コーヒーブレイク》～非電化工房　藤村靖之さんが提案するもの

鏑木孝昭

非電化工房は、那須まちづくり広場から車で5分、「エネルギーとお金を使わなくても得られる豊かさ」を提案するために発明家の藤村靖之さんが作った私設テーマパークです。非電化とは電気をなるべく使わないことであり、工房には電気を使わない冷蔵庫や太陽熱温水器などがたくさんあり、それらを作るワークショップも頻繁に開催されています。特に、化石燃料や原子力など環境負荷が高い物質からつくるエネルギーは使わないという考えを持っています。

また、3・11の原発事故の際には、線量が高かった那須町のこどもたちを守るため、NPO法人「那須希望の砦（とりで）」を発足し、町と協力して放射線量の測定、除染作業を実施しました。このNPOは現在でも那須町各地の放射線量測定や野菜や穀物の放射線量測定を継続しており、那須まちづくり広場も毎年測定を依頼して放射線量に問題がないことを確認しています。

エネルギーばかりに目を奪われますが、非電化工房の射程はエネルギーだけでなく、お金を使わない豊かな暮らしまで広がっています。一言でいうと、「自給自足の技術」であり、非電化工房では農業と建築を中心に、食品加工から工芸、動物の飼育、水道・電気工事まで様々なことを学ぶことができるのです。これらの学びにより、人生への安心感を得ることができます。とても面白いのは、豊かになるためには稼ぎすぎてはいけないという考えです。たくさん稼ぐことは競争につながってしまいます。小さく稼ぐ分には争いはおこりません、藤村さんは「月3万円ビジネス」を提唱しています。自分で稼ぐ力「自活力」を重視していますが、それは月3万円稼げるビジネスを独身者なら2つ、カップルなら3つやれば十分暮らしていけると主張、実践しています。著書である『月3万円ビジネス（晶文社）』に詳しく書かれています。

「自給力」、「自活力」のほかにもうひとつ大事なものがあります。「仲間力」です。この3つがあれば、社会がどう変化しても、怖いものはありません。

（かぶらぎ・たかあき…那須まちづくり㈱取締役）

《コーヒーブレイク》～もしものときのキーパーソンを自分で決める任意後見制度

一柳弘子

もしものとき、頼れる人はいますか？

高齢期からエンディングまで、さまざまな場面において、誰かのサポートが必要になります。たとえば、住み替え、入院や介護サービスの契約、金銭管理、ターミナルから死後事務……本人に寄り添い、意思決定支援とともに代理として手続き等を行う「キーパーソン」が求められてきます。

心身ともに元気で判断能力が十分にあるときに、「誰に、何を頼みたいのか」を自ら決めておくとよいのです。

知っておきたい委任契約の内容

任意後見は、あらかじめ自分が選んだ人（任意後見受任者）に、自分の生活や財産管理に関する事務を行ってもらうように、公正証書により契約する制度です。

３つの種類があり、利用数が多いのは「移行型」です。いずれ判断能力が低下したときに「任意後見」が開始。それまでは、見守りや財産管理等を行なうもので、それらの委任契約が一緒に締結されます。遺言作成や死後の事務委任も合わせて契約することが多いようです。

この契約では、代理権を与える委任事務の目録が作成されます。一般的に、財産の管理・保全・

処分、金融機関・証券会社との取引、生活費の送金、医療の受診や入院にかかわる契約、介護・福祉のサービス利用契約……15項目ほどあります。

ここで、知っておきたいのは「代理権は、本人の希望で、限定的な内容にしたり、制限することが可能」です。

たとえば、「不動産の売買・賃貸借契約等の契約」という項目について、包括的に代理権設定するのではなく、「ただし、居住用の不動産は処分しない」と制限をかけることができるのです。また、毎月の生活費を引き出すために、金融機関への代理権が必要という場合、「○○銀行○○支店、委任者の普通預金口座○○○から、月額○○円を限度とする払い戻し」と限定的にすることも可能です。ただし、金融機関によって、財産管理契約に関する対応はさまざまですので、確認したうえでの設定にしましょう。

このように代理権の範囲を制限すると、もしものときの事態に備えられないという懸念はあると思います。ゆえに、任意後見契約を締結するとき、本人の心身や判断能力をふまえることが大切です。ただ、任意後見が開始されるまでは一定の期間があるので、必要に応じて、代理権の追加、個別委任ということでの対応もあり得ます。

その人の思いや生き方をふまえて、任意後見を上手に活かしたいものです。

（いちやなぎ・ひろこ…一柳ウェルビーイングライフ代表）

第3章……私たちの実践と挑戦①

＊「那須まちづくり広場」を参加型でつくる、歴史と理念

◉目標は「まちづくり」

――高齢者住宅をやっている皆さんが、なぜまちづくりなのですか?

近山　実は逆なのです。「まちづくり」をやりたいので、高齢者住宅なのです。経営の基盤つくりのために、いちばんニーズの高い高齢者住宅を先に作ってきましたが、**私たちの基本は、「まちづくり」なんです。自分らしく最期まで生きるための場づくりであり、仕組みづくりであり、「まちづくり」**なのです。高齢者住宅が目標ではないのです。まちづくり、それを補助金ではなく、事業とする方法をとるには、国の高齢者住宅政策の遅れがある一方で、高齢者の住まいや暮らし方に対するニーズが多くあり、事業として始めやすかったのです。**地域に開かれた高齢者住宅をつくることでまちづくりをする**という試みをやり続けてきました。

「那須まちづくり広場」にあるいわゆる元気型、自立の方向けサ高住「ひろばの家・那須1」を運営するのでスタッフを雇えます。たとえば特養の介護のスタッフだと、終日、介護中心の仕事になるでしょう。でも、「ひろばの家・那須1」は元気型だから安否確認や様々なご相談を受けますが、直接の介護はしなくていいのです。「ひろばの家・那須1」に入居される方々は移住者が多いので、生活を豊かにするために、皆さんに町のことも知らせないといけません。すると、地域の人や行政の人、議員さんとかとつきあっていくことになるでしょう。同じ地域のコミュニティの一員になるのですから。まずはスタッフが地域住民として行動することが必須なのです。まずはスタッフがまちづくりの一員にならないといけない。それが、私たちの事業のスタイルなのです。

◉在宅介護に限界を感じた私

――まちづくりを手がけることになった、高齢者住宅に関わるきっかけを教えてください。

近山　私がこの仕事に入ったきっかけは、母親の介護です。うちは母子家庭、母は元看護師、私は国立第二病院（現・独立行政法人国立病院機構東京医療センター）で臨床検査技師として働いていましたが、母が脳梗塞で倒れ、自宅で介護生活が始まりました。当時、福祉が進んでいると言われた東京都世田谷区で、あらゆる制度を使い、仕事も続けながら、在宅で母親を介護しましたが、その生活は2年が限界でした。

このままでは私と母は共倒れというところまで追い詰められた時、人生の師である小西綾*さん駒尺喜美*さんに相談しました。するとお二人も家族に介護が必要な方がいて、解決したいと考えておられました。そこで一人では無理だが、3家族が一緒に住んで助け合うことができる、いまでいうシェアハウスのようなものを作ってはどうかというアイデアを出していただいたんです。

＊小西綾（1904〜2003年）
女性解放運動家。1951年「婦人民主クラブ」に呼ばれ上京、書記長となるが、1953年、分裂問題で辞める。その後は組織に属さず、個人として活動し続けた。各地で講演し、多くのファンを持つ。すべての女たちへ「自分の頭で考える」「マイナスをプラスに転化する」などエールを送り続けた。講演集『女あんたが主人公――小西綾大いに語る』（松香堂書店）

＊駒尺喜美（1923〜2007年）
女性学研究者。第二次世界大戦後、京都人文学園で学ぶ。法政大学で初の女性教授。日本

小西さん、駒尺さんの家族は大阪にお住まいだったので、お二人は大阪へ戻り、私は母と大阪へ移住する計画となりました。その時の課題は、介護対象者が在宅で納得のいく介護が受けられるためにはどうすればいいかということでした。

大阪には都住創＊というコミュニティ形成を図っていたコーポラティブハウス＊があったのですが、そこは介護のことには対応していませんでした。そこで全国の情報を集めたら高橋英與さんが名古屋で「シニアハウス大松」という、助け合い型のコーポラティブハウスをすでに作っていることがわかったのです。そこは緊急通報の仕組みがあり、共用スペースを持ち、住民同士が助け合う仕組みだということでした。さっそく、見学に行きました。そこで、「シニアハウス大松」に住み込みをし、任意団体生活科学研究所を立ち上げたばかりの高橋英與さんに会い、お話を伺いました。

建物は5階建ての一見普通のマンションでしたが、自立と共生というコンセプトが明確で、1階に仕事場があり、マンションの居室以外に集会室や図書室、健康相談室もありました。今でいう「暮らしの保健室＊」です。私たちと考え方も似ていて、しかも具体化できていたのです。

さっそく、高橋さんに大阪に私たちの希望を形にするシニアハウスを建てる企画を依頼しました。高橋さんは土地勘のない大阪での企画には躊躇されましたが、私たちの熱意におされて、引き受けてくれました。

女性学会創立に尽力、1980年、初代代表幹事に就任。専門は近代文学。『漱石という人』、フェミニズムの論客として、『高村光太郎のフェミニズム』、『紫式部のメッセージ』（ともに朝日新聞出版）など。

＊都住創
「都市住宅を自分たちの手で創る」ことを目的に1975年に設立した集団。複数のユーザーが建設組合を結成し、一般的にはコーポラティブ方式で、土地購入、設計委託、工事発注から完成後の建物管理まで、共同で行った。

＊コーポラティブハウス

その企画をすすめていく中、高橋さんとやりとりしているうちに高橋さんは私に「どうせなら生活科学研究所に入りませんか？　24時間やりたいことができる上に、お金ももらえるよ」と言ってくれました。非常に魅力的な言葉で、正しかった。そこで私は国立病院を退職し、生活科学研究所に入りました。

◉シニアハウスの誕生

——近山さんが初めて手掛けたのが、1988年オープンした大阪の「シニアハウス新町*」ですね。どんなところでしたか？

近山　大阪市西区の当時大阪厚生年金会館西隣という超都心、便利な立地にありました。ふつうのマンションとして建設中でしたけれど、オーナーが、社会的に意義のあるものにしたいという意向をもたれて、途中からシニアハウスに変えることになりました。そこで、「シニアハウス新町」の企画から設計、仕組みづくり、運営、入居相談など全体を私がやることになりました。

その仕組みは、車いす生活の母親を介護しつつ、仕事も続けていた私の体験から発想したものです。**私と母親をモデルに、一人でも、高齢になっても、障がいをもっても、最期まで自分らしく生きられるハウスをシュミレーションしたものです。そしてそれは私と同じように困っている人が助かることだ**と考えました。

住人が主体となって建築していく集合住宅。

＊暮らしの保健室　20年以上訪問看護を続けてきた秋山正子が、高齢化の進む大規模団地（戸山ハイツ）で2011年にスタート。健康・介護や暮らしの中のさまざまな困りごとを気軽に相談できる場。居心地の良い雰囲気で、看護師や栄養士などの専門職スタッフから適切なアドバイスを得られるだけでなく、地域サロンのようにくつろぐことができ、その後全国に広がっている。

＊シニアハウス新町　1988年、大阪市西区に株式会社生活科学研究所が開設。現在

1階にデイサービスセンターをつくり、泊まりもやりました。テナントとして1階に食事のできる喫茶店、2階には往診にも対応するクリニックと鍼灸治療院、生活コーディネーターの住まい、3階から8階が住宅で17戸ありました。

――困っている人のニーズを活かしたのですね。それが参加型ですか？

近山 はい。困りごとがあり解決したい人が、当事者として真ん中に立つことが、参加型ですね。**困っている当事者を中心にして、困り事、そして解決案を出し、あったらいいなと思うことを話してもらい、相談しながら企画を進めていく、それが参加型**です。コーポラティブハウスの手法を活かしたものでした。

「シニアハウス新町」は、母子家庭で、障がいを持った親と働いているシングルの女の人の双方が自立するという私の問題を真ん中に据えて企画しました。

高橋さんはやらせてくれました。思いは強いし、やろうとする意気込みはありましたが、素人じゃないですか、私は。当時はデイサービスという言葉も普及していなかった時代でした。何をする場所で、いくらで何ができるか、ということもわかりませんでしたが、無我夢中でしかも楽しくやることができました。

そうして、「シニアハウス新町」はデイサービスと泊まりと緊急対応のできるバリアフリーの家になりました。いまで言うサ高住＋小規模多機能ですね。

佐々木 「シニアハウス新町」は、いまでいうサ高住と統合医療とレストラン、診療所、デイサービスにショートステイ、その時必要なことが全部入っていました。近山さ

は「ブランシエール新町」、長谷工シニアウエルデザインが運営する自立型の住宅型有料老人ホーム。

＊当事者意識
当事者性ともいう。すべての人は自分の精神と身体に対する自己決定権を有する。専門家を含めて他人から「あなたにはこれが必要です」と決定されるものではないのに、障がい者、女性、高齢者、子ども、不登校者、患者などが、社会的弱者として「私のことは私が決める」という最も基本的な決定権を奪われてきた。近年、当事者、および当事者グループが、発言、行動を始めており、一人ひとりの個人が、自らの人生の責任ある当事者として

んの原点がここにあります。「シニアハウス新町」の竣工の何年後かに、同じ大阪市内の開発に関わって、大阪の勤務になった時、そこに住み込みました。介護浴槽は個浴でしたし、トイレの手すりはチタンでした、そして1階にあるデイサービスの壁は全面ガラス窓だったのでびっくりしたんです。

近山　最初に実践した「シニアハウス新町」を、松岡きっこさんがテレビ取材をしてくださいましたが、若い男性のプロデューサーが「高齢者だけでなく、仕事が忙しい僕がほしい仕組みだ」と言いました。その時代に事業化するにはニーズの多い高齢者が対象になりましたが、プロデューサーは誰にも必要な仕組みがある住宅だと瞬時に理解してくれたのです。

自分らしい暮らし方を継続できる住宅であることが前提で、そして住む人が主役になれる居場所です。そのために、住む人々がその人らしく暮らし続けるためのサポートをする仕事「生活コーディネーター」という新たな職種を生み出し、研修をして、働いてもらいました。

また日本の福祉政策は、血縁の家族がいることが前提になっているため、家族にかわる役割を担う人が必要となるという一面もあります。生活コーディネーターは、一般のマンションでいうところの管理人の役割に加え、生活全般の支え、相談役、コミュニティの育成、さらには地域づくりの役割も期待される仕事として、命名されました。

生きていける社会への可能性を広げている。

▼参考図書…上野千鶴子・中西正司『当事者主権』岩波新書、2003年。増補新版2024年。

＊小規模多機能型居宅介護

「通い」を中心として、随時の「訪問」や「通い」と組み合わせて提供する介護保険サービス。地域密着型サービスに分類される。

＊統合医療

近代西洋医学に加えて、伝統医療を含む補完代替医療や食事を組みあわせ、さらにQOL（生活の質）を向上させる医療。疾病治療だけでなく疾病予防や健康増進を目的とし、

1990年に開講した第一回生活コーディネーター養成講座には、故・戸川昌子さん、落合恵子さんなどが講師になってくださいました。その講座の内容は、人間の尊厳とは何か、生活とは、文化とは何かを幅広く理解するような学習内容となっていました。櫛引さんのお母さんは、65歳で「生活コーディネーター」の第一期生になり、高齢者住宅に勤務しました。

2024年、「那須まちづくり広場」で第二回生活コーディネーター養成講座を開催しました。

主に医療機関で行う「医療モデル」に加え、食事や交流の機会創出なども組みあわせ、地域の生活者のQOL向上を目指す「社会モデル」がある。「那須まちづくり広場」は日本初の「統合医療社会モデル」として、日本統合医療学会に認定されている。

《コーヒーブレイク》～「シニアハウス大松」――髙橋英與さんとの出会い

近山恵子

名古屋市で建築設計の仕事に携わっていた高橋英與さんは、コーポラティブハウス建築に関わる中で、生活設計やさまざまな生活相談を受けるようになり、特に高齢者と中高年の女性が、都会で孤立し、不安を感じ、多くの問題をかかえていること知りました。

そこで、問題をかかえている方たちに集まってもらい、問題解決のための勉強会を始め、コーポラティブハウスのノウハウを生かした、困っている者同士が集まって住む「シニアハウス」の発想が生まれました。老いも若きも女も男も、障がい者も、一人ひとりが人間として生きがいを持って自立して暮らし、足りないところは支え合い助け合って生きるための場を「シニアハウス」と名付けました。

「シニアハウス大松」はシニアハウス第一号として、名古屋市東区に1985年に開設されました。

▼参考図書

高橋英與『街の中の小さな共同体――シニアハウス』中央法規出版、1986年。

《コーヒーブレイク》～「生活コーディネーター」とは

岡田陽子

（一社）コミュニティーネットワーク協会で実践している「１００年コミュニティー構想」では、「集まって暮らす」「助け合って暮らす」「関わる人を尊重して暮らす」ことを基本に考えています。その暮らしの場の一つであるサービス付き高齢者向け住宅は、施設でなく、「私の家」です。

そこに住む方々は、自分らしい暮らしを選択し、「生活設計」をし、今後、身体や心が衰えても、自分らしく生ききる場所として、「ひろばの家・那須１」を選択しました。

その暮らしを支えるのが、「生活コーディネーター」の仕事です。

（一社）コミュニティーネットワーク協会は、１９９０年に第1回「生活コーディネーター養成講座」を開催しました。日本の高齢者福祉制度は、家族の存在を前提としているものが多いため、家族の役割を担い、生活全般を支援する仕事として、「生活コーディネーター」という仕事をつくりました。ネーミングは高橋英與さんです。女性が担ってきた無償労働の有償化という意味もありました。

「生活コーディネーター」の仕事は、関わる人のＱＯＬをあげることはもとより、参加型のコミュニティの運営を進めるなど、業務は多岐に渡ります。

（一社）コミュニティネットワーク協会那須支所では、２０２４年11月に「生活コーディネーター養成講座」を1泊2日で開催いたしました。今後、毎年開催の予定です。講座の内容は、高齢期の心身について、コミュニティ創成、那須まちづくり広場の仕組みや実践、居住福祉について、切れ目ないケアとは何かなど、高齢になっても「自分らしい暮らし」を、生命・生活・文化全般でサポートするために必要なことを広範囲に多岐にわたって学びます。

受講される方々にとりましても、これまでのそしてこれからの自分の生き方を考える機会になるよう準備していきます。

（おかだ・ようこ　（一社）コミュニティネットワーク協会那須支所）

◉日本初のデイサービスを作った⁉

――「シニアハウス新町」のデイサービスは、日本で初のデイサービスだったんですね。素人だからこその工夫には、どんなものがありましたか？

近山　はい。日本で民間の初めてのデイサービスだと思います。介護保険の始まる前のことです。たとえばそこのデイサービスは月に一回セミナーをやっていました。デイサービスでの体操はオルガンで生演奏でした。

佐々木　1階の道路に面しているデイサービスが、ガラス越しで外が全部丸見えなの。びっくりしました。どこかのお店みたいなのです。利用者はいつも見られる立場なので、逆にこっちから見てやれということなんですよね。

近山　障がい者が健常者を見るという仕組みなんです。それは私が福祉の人でなかったから、できたことだと思います。つまり、困ったこととか考えついたことはなんでもやってしまおうと思って実現させました。多分、福祉の仕事をやっている人だと違うことを考えたかも。そのときに内装をしてくれた人が商業デザイナーでした。その人も福祉のことを全然知らない。室内のカラーは温かい色でね。ピンクっぽい藤色でした。

それと、障がい者だからという考え方がなく、車いす使用者用のための斜めになっている特殊な鏡がいやでした。健常者は立って顔を見るけれど障がい者は立てないから、車いす仕様で斜めになっていました。いまはあまり見ることがなくなりましたが、それはいやだったので、鏡を大きくすればいいと思ってかなり大きくしました。また手すりなどはその頃ステンレスが主流でしたが、触ると冷たくて、見た目も冷たい感じでした。それで高かったのですが、色目の良い、触って冷たくないチタンにしました。

それから、お風呂は、生活とリハビリ研究所の三好春樹*さんとご縁があったので教えをこいました。浴槽を浴室の真ん中に配置して、右からも左からも入れるようにしました。自立を促す入浴です。そして、どうしてもお風呂は肩までつかって入浴してほしかった。日本のお風呂って肩までつかりますよね。その頃の入浴の機械は胸までしかつかれなかったのです。介護機器の開発者は、ただ風呂に入れればいい、清潔であればいいとだけ考える人しかいなかったのだと思いました。リラクゼーションより効率性が重視されたのだと思います。日常生活を快適に営むためのサポートという視点がないですよね。

数年前に、㈱リハビリデザイン研究所の山田穣さんに入浴の歴史を話していただき、その時に介護と看護の入浴の発想の違いを教えてもらいはっとしたことがあります。

お風呂で肩までつかる生活習慣があるのは日本だけじゃないか、ということを改めて考えさせられました。世界に目を向けると、温泉施設みたいなところはあるけ

＊三好春樹（1950年〜）
日本の介護、リハビリテーション（理学療法士）の専門家。生活とリハビリ研究所代表。「オムツ外し学会」や「チューブ外し学会」を立ち上げて、介護、看護、リハビリの枠を超えて、」日本全国で「生活リハビリ講座」を開催し、介護にあたる人に人間性を重視した老人介護のあり方を伝えている。

れど、日本の風呂に入る習慣とは少しちがいます。

そういうこと一つ一つ、私が考えたりやってきたものがどうして他ではそうならないのか不思議に思ったのです。私が素人だったから点検ができたと思うのです。緊急の時、人手がなくともストレッチャーですぐ外に出られるようにデイサービスのドアは自動にするなどのことを、35年前にやりました。お金をどこにかけるかですね。そして地域の方々が自由に出入りしてお茶したり、新聞を読んだり、囲碁を教えあったりしていました。夜には落語研究会の学生たちが落語を披露することもある地域のお茶の間でした。生活リハビリの研修会もやっていました。

◉まずは住宅ありき

――そういうことの延長線上に、近山さんたちが高齢者向け住宅を作る前に、まず住む人の話を聞くということがあったのでしょうか。

近山　１９９０年に手がけた有料老人ホームでしたが、歩行困難な方が入居されたんです。その方は非常に整理整頓の上手い人で、その人の言う通りに部屋の間取りを作ったらものすごく使い勝手がよかった。その後に住んだ方も良いと言われました。その方から学んだことは大きく、入居者からの提案を丁寧に聞き、設計に反映するきっかけにもなりました。

多くの設計士は万人の顔を見ると思いますが、私たちは「住む人の顔」を見ます。**私たちは住む人の希望を取り入れて、その後の暮らし方もお聞きできるので、検証ができるんですね。**さらに別の人が暮らしての感想もお聞きできます。

それを集まった人が納得する仕組みで形にしていくのが私たちの仕事です。いろいろな話を出してもらって、どこまで出来るか、お金や期限の問題とかで限界はありますが。

「人生100年・まちづくりの会」（以下　つくる会）という、暮らしたい暮らし方、住みたい住宅の話し合いの会を（一社）コミュニティネットワーク協会の活動の一つとして、長年、開催し続けています。

「つくる会」では、集まった方たちに「自分がどうありたいのか、これからどういう暮らしをしたいか」ということを話してもらっています。参加型といっている方法の一つです。

参加される方々は自分が住まう当事者ですから、小さな細かなことにも思いがあります。住む人に話を聞くことで、新商品の開発にもなります。すでに住んでいる人からの提案もあります。

（一社）コミュニティネットワーク協会は1999年に阪神淡路大震災後の復興をきっかけに設立しました。神戸で在宅医療に長年関わってきた神代尚芳医師*と共に、一人ひとりの個性あるライフスタイルを尊重し、相互に支えあうまちづくりを目指

▼参考図書…神代尚芳『自分らしく死にたい』創元社、1994年。

して、コミュニティの拠点づくりの支援を目的に設立しました。初代の会長は神代尚芳医師、理事長は近山が務めました。

（一社）コミュニティネットワーク協会では、最期までその方が希望する暮らしを支えることが活動の基盤です。そのために、暮らしと住まいの情報センターを設け、中でも高齢者住宅情報センターは、高齢者住宅の情報提供をするほか、セミナーや勉強会などを開催、最期まで安心して暮らし続けられる「暮らし方」「住まい方」の提案をしてきました。また、定期的にニーズ調査をしてきましたが、誰でもが、最期まで、自分らしく生ききるための住まい方となると「自由で・多世代暮らし・住みなれた所」が3大ニーズです。これは今でも変わりません。

話し合いですすめるやり方を参加型と言っています。**参加型は情報公開です。民主主義の基本です。**人を集める前に私たちはこんなものがあると良いと思うものを提示します。誰もが自分らしく最期まで暮らせるというまちのあり方、支援のかたち、それと住宅についてです。それを基に話し合いをします。

それまでの生活では、住宅や生活用品はどれも個別の事情を無視して誰かが用意した、あてがわれたものが多いので、そういうことを話すのは楽しいし、嬉しくなります。回を重ねるごとに、生き生きとされる方が何人もいらっしゃいます。

佐々木　「ひろばの家・那須1」では、巡回送迎車の名前の募集もしました。みんなで考えて、車の名前も決めていく、楽しいですよ。名前は「ひろばGO！」に決まりました。選ばれた方へのお礼は「那須まちづくり広場」で商品化した日本酒「那須の灯」一升でしたが、その方がアルコールを飲まない方でしたので、私たちがいただきました。

◉暮らしあう人たちとどう信頼関係を築いていくか

――「つくる会」は、毎回、どんな感じでやっているのですか？

近山　参加者が自己紹介をするところから始めます。これは、私たちにとってはキーポイントになります。核家族になって家族がちんまりしちゃったでしょ。だからか、自分の能力や環境が相対的に評価されることがなかったり、自分の居場所に役割がないんですよね。

そうすると、その家族内とか学校内とか非常に狭い価値観の中で評価され続けるから、自分がわからなくなってしまう。それがなんだかわからないけれど、たまたまこんなのが作れますよと言って集まる時って、どういう人が集まるかわからないでしょう。だから自己紹介するんですよ。私は何者かということを話し続けてもらいます。いろんな価値観の方が来て参加されているのがわかりますよね。

夫婦で参加されると、夫は話すが妻が話さないというケースもあります。そんなときは妻のほうが話せるように配慮します。話していいんだと思うと、たくさん話してくださいます。

それでずいぶん変わるんですよ。しゃべらなかった女の人たちが最初は小さな声になるけれど、周囲が話しだせばもう一度しゃべりたいとなります。つまり、これまで表現する場がなかったんですね。

逆にサラリーマンだった人などで、過去の立場とか仕事を延々と話し続ける人がいるのですが、それは厳しく制します。長く続けたことでちょうどいいところで話をやめてもらうスキルを獲得いたしました。それまでは砂時計を置いたり、銅鑼を鳴らしたり工夫しました。皆さん大笑いされますが。

佐々木　自己紹介をするときは何を話したらいいかわからなくならないように、テーマを決めます。その時々で決めるんですよ。たとえば「食欲の秋」だったり、この間は渋谷の事務所でやったので「渋谷の思い出ありませんか」とか。今日の髪型についてとか、なんでこの服を選んだのかとか。するとそれにまつわることでまた違うことを話してくれたり、その人らしさが伝わってくるのです。
参加型って聞くとわかりにくいかもしれないけれど、人が知り合うための暮らし方の情報公開です。コミュニティづくりの根幹ですよね。初めて会った人たちが暮らしあうのですから、どうやって信頼していくのかとか、どうやって人を受け入れるのかとか、どんな方が集まっているのか、新しい暮らしになじめるのだろうか、楽しめるのだろうかなどを「人生１００年・まちづくりの会」で感じていただく。

これまでの環境はそれぞれ違います。その違いを持ち寄って、そのことを面白いとおもえるかどうか、そういう経験をしてほしいです。

第4章……私たちの実践と挑戦②

＊地域をつくり、コミュニティをつくる、多様な人たちとの連携・連帯

◉行政が困っていることは何ですか？

――なぜ廃校を利用されたのですか？

近山　学校は**人々が集まり**、学び実践するかけがいのない貴重な場所ですよね。ここは地域の人にとっては本当はなくてはならない貴重な場所だったところですが、人々がいなくなってしまった、ですから、なんとか活かしたいと思いました。

私たちは誰もが、最期までその人らしく暮らせる場所づくりをしています。そこに必要なのに無いものは作るという考え方で実践しています。那須には、観光客が必ず行く那須銀座みたいなところがあって、店舗を出すとなるとみんなそちらに出してしまいます。でも私たちは誰も出店しないところだから良いと考えました。よそ者は大抵疎まれるから、誰もいないほうがやりやすい。

「必要だけれども無い」というものをつくるので、必要と思う人は来てくださいます。あえて人のいるところに行く必要はない。

「那須まちづくり広場」を始める前に、２０１０年「ゆいま～る那須」を企画し、開設しました。私の立場は（一社）コミュニティネットワーク協会の理事長でした。当時は高橋英與さんが事業主体の（株）コミュニティネットの社長でした。「ゆいま～る那須」は認知症の方が暮らしにくいという課題があったので、それを解決するための場所を探していたのです。そんな時、「ゆいま～る那須」から車で7分のところに小学校だった校舎の廃校再生の募集があり、それを活用しようと思ったのです。

私たちは「行政の困り事を解決します」という言葉を使っているのですが、「ゆいま～る那須」が日本型ＣＣＲＣ＊のモデルに選ばれた時、地方創生担当の石破茂大臣（当時）が見学に来られ「僕らは困りごとを陳情に来られたことはあるけれど、困り事はなんですか？　と聞かれたことは初めてです」と笑っておられました。

実施するには、まずは相手を知ることから始めます。行政でしたら、総合計画などで今年は何をするのかを知り、行政や地域で困っていることで私たちも必要なことは何かということを聞きながら探ります。

そして、その困りごとの解決に入っていくというやり方です。行政とは加負担なく連携し、協力しあい、できるところは何かを話し合い、協力するというやり方で実践しています。

◉よそ者や変わり者が集まってワイワイやる

――集える場を作る意味は、どんなところにあるのですか？

近山　２００２年、伊豆に自立の方向け有料老人ホームを開設しました。開設後、土地に住んでいる女の人が来たんです。なぜかというと、嫁いできた人は何年たって

＊日本型ＣＣＲＣ
ＣＣＲＣ（Continuing Care Retirement Community）とは、１９６０年代、アメリカで増加した元気な高齢者中心のリタイアメントコミュニティへの反省から生まれた。加齢とともに変わっていく高齢者のニーズに応じて、住居、生活サービス、介護・看護・医療サービスなどを総合的に提供するシステム。２０１５年、日本版ＣＣＲＣ構想有識者会議において、「ゆいま～る」シリーズが日本版ＣＣＲＣとして事例紹介された。

も、よそ者なんですね。「ここでこういう生活で一生終わるのかと思っていたけれど、そこにあなたたちが来てくれて、女も頑張っていいんだとわかった」と言ってくれたのは嬉しかったです。つまり、場が必要なんですね。リラックスして交流できる場所が要るんです。小西綾さんたちがそれを教えてくれました。盆踊りでもなんでもいいから、自己表現できる場があることが大事だと思います。

だれでもどこでも、自分らしく暮らすための地域にするには、本当は政治をやるべきですよね。ここでみんなが自分らしく充足して豊かに暮らすにはどうすればいいかを考えて行動し始める時、地域の中にいる「浮いている」何パーセントかの人とつながるんです。そういう人たちは、何かこうすればいいのにと思って動き始めても、いままでうまくいかなくてどうにかならないかという思いをかかえています。そういう人たちが私たちを訪ねて来てくれるんですよ。

佐々木　つまり、課題解決の意見を持っている人という意味ね。何かがすぐにできるわけではないけれど、そういう人たちからはすごくありがたいと言われるんです。

こういうところがあるお陰で、たとえば介護の仕組みわかるようになって楽になったという話はよく聞きます。利用者の立場でしくみを勉強したり、疑問を出し合ったり、利用の仕方を考えたりする場を提供するからですね。

近山　よく言うんですよ、「よそ者・若者・馬鹿者」って（笑）。本当はそういう人たちが地域を変えると言われているんですよ。

私は、ちょっと変わったことをしているんです。年に1、2回、ここ「那須まちづくり広場」のホールでパフォーマンスをやっています。参加の条件はただ一つ、自分詩を読むということ。ピアノが弾ける人は弾きながら自分の詩を歌ったり、オペラ歌手は自分で歌ったり、踊る人もいます。たいして上手ではないですが、でも1000円いただくんです。お茶とお菓子をつけますけれど。

1回目はそこそこ人が来てくれて、でもこれはお愛想だと思いました。2回目は誰も来ないだろうと。ところが、なんとたくさん来てくれたんですよ。それで来て下さった地域の高齢の女性に、「なんで来たんですか？」と聞いたら「おもしろいから」って。そうか、こっちもおもしろいと思ってやるから、一緒に感じてもらえるんだなと思いました。

駒尺さんがそうでしたね。友人が運営するライブスペースで、自作の詩を踊りながら歌うスタイルでデビューしました。上手とか下手とかを超越したエネルギーがありました。その姿を見て、あんなことをしても人が観に来るんだと。舞台にあがり、踊ってしまえば人は来る、私にもできるかもしれない、みたいな雰囲気になります。駒尺さんのお陰で歌手が二人も出たのです。

佐々木 こういうエネルギーはおもしろいね。うまいとか下手じゃないのよ。なんかこう、取り憑かれちゃったみたいな。だから、真剣になるというのは大したものですね。そういえば若いときに500人会場を借り、「女のルネッサンス*」と題して

＊女のルネッサンス 第一回は1984年、千駄ヶ谷区民会館で、第二回は1985年、水道橋労音会館で開催。第三回は「2020年発不思議の旅」と題して、性差別が無くなった2020年から、過去を振り返るのが、テーマであった。

コントとダンスのショーをやりましたね、私たち。

◉墓友と年金の分配

――墓友《はかとも》ってなんですか？

近山　同じ共同墓地を契約している人同士が、墓友です。契約すると共同墓地の墓碑に名前を彫ってくれます。それを見ると墓友が誰かわかります。すでに先に入ってる方もいます。偲ぶ会や納骨式に参列することで、どのようにおくられるのか自分の場合も想像できて、ご自身が希望するおくられ方をライフプラン*に書くともっと具体的になります。

医療、福祉、地域包括ケアなどを考えて「切れ目のないケア」というのは誰でも言っています。それをここ「那須まちづくり広場」でも目指しています。高齢者向け通所介護事業所、介護の方向けと自立の方向けサ高住、定期巡回・随時対応型訪問介護看護事業所、そして共同墓地までありますから。

一般社団法人コミュニティネットワーク協会は共同墓地を3カ所運営しています。関西と東京で作ってそれで止めようと思ったら、散骨をやりたいという希望があり、そして、ペットの犬猫も一緒に入りたいという方がいたので、那須で作りました。

***ライフプラン**
22ページ参照。

——墓まであることで、切れ目のないケアがあると言えるのですね？

近山　そう思います。まだまだ課題は多いですが……。こうした「切れ目のないケア」があることで安心できるわけで、不足があるとみんな悩むし、安心して暮らせない。でも、安心できるケアは一人ひとり、かなり違います。

もう一つお金の不安ですが、そのために最低限の生活保障は基本だと思います。かつてこの仕事を始めた時に、高齢者住宅の仕組みを見にアメリカ、イギリス、ドイツに行ったんですよ。イギリスの高齢者が割とゆっくりしていたのが印象的でした。それでなぜかと聞いてみたら、退職した後の年金の基礎部分が誰もが同じ金額が支給される仕組みがあるって聞いたんです。その方は30万円だったと思います。それまで蓄積したものはその人の環境と努力でしょうが、ゆっくり幸せそうな顔をして暮らせるのは、**最低限のお金を国が支給していたから**なんですね。いまはどうかは知りませんが、その時イギリスはすごいなと思いました。

でも、日本だってやろうと思えばできますよ。経済をどう回すか、考え方一つだと、私には思えます。新自由主義に対抗する概念として、研究者や学者が**「再分配」**という考え方を提案していますが、私はそれはできると思っているんです。**それができれば、みんな安心して暮らせる**わけですよね。豪華な家に住もうとヨットがあろうとなかろうと、誰もが最低限の文化的な暮らしが保証され、退職した後も生活できるお金が支給されるのだと思えば、とっても気楽に暮らせると思う。本当はそこまで持ってかないと、切れ目のないケアができないんですよね。**日本は厚生年金と国民年金の差がありすぎ**ます。

――暮らしの保証ということで言うと、私は奨学金の返済に42歳までかかりました。目の前には老後が見えてきて、こうなると、結婚だの子どもだのを考えられない人が多くなるのもわかります。

近山　少なくとも学業に携わっている人たちに借金をさせてはいけないと思います。そして、義務教育以上も学びたい人は社会の宝だと思います。授業料を無料にしている国*はあります。教育費は、留学生でも無料という国もあります。

若い人に借金させる仕組みはひどすぎます。こういう国は最低ですよね。現在の日本の教育資金のシステムは、学生に借金させる仕組みに見えます。利子も高く、長期間の返済です。

ボランティア活動をする5人の大学生と月1回の打ち合わせしようとしたら、5人一緒に集まれる日程が組めないのです。学費と生活費のためにものすごくアルバイトしている。そして卒業後20年くらい返済し続けるのですね。これでは希望のある人生設計を考えられませんよね。

◉公共交通の空白地帯で何ができるか

＊授業料を無料にしている国
スウェーデン、デンマークやフィンランド、ノルウェーなど、ヨーロッパ諸国、特に北欧諸国では授業料が無料。中南米のコスタリカは、軍隊を廃止し、軍事費を教育費に充当する道を選択、高い教育を受けた労働者が多いことで知られている。アジアではスリランカが、公立学校は小学校から大学まで無償。

——那須のようなところは交通が不便ではないですか？

近山　こういう場所は、**高齢者と障がい者、子どもは交通弱者**になります。国が年齢で免許をとりあげているようなものですから。法律で区切ってはいないけれど、なにか特典をつけたりして、そう読めるような政策をやっているわけです。それなら交通弱者に国が代替システムを用意することによってバランスがとれるにも関わらず、それをやらないので、交通の空白地帯ができます。地域全体が空白地帯だとまだやりようがあるのですが、那須町のように一部は公共交通が通っていて、タクシーもあるしバスも一部は路線が通っていると、町全体という単位では交通弱者とはいえません。町の南と北の地域はバス便がなく、タクシーと鉄道になります。

町はデマンド（予約制）の「乗り合い型」を利用してくださいといいますが、かなり使いにくいです。行政が担うデマンド交通の主たる目的は、医療と買い物のケアなので、目的地はそういう場所が主になります。さらに那須町デマンド交通の弱点は、ドアツードアではない、ということ。交通弱者というのは家から出られないわけですから、家まで来ないと困ります。にもかかわらず、乗る時は、停留所まで来いというのはおかしいです（帰りは自宅まで送ってくれる）。

佐々木　ドアツードアをしないのは、タクシーと同じになって、タクシー事業を圧迫するという理由です。ドアツードアは他の地域でやっていてタクシー業者は潰れてはいませんが、那須町は住民が約2万4000人と少なくて、那須町には一軒しかないタクシー会社が潰れるという試算はたしかにあります。でも、それであれば行政が補助金でやってほしいです。

高齢者住宅を那須町のような公共交通空白地域のような不便なところに開設すると、送迎の費用をサポート費のなかに入れてしまうしかなく、私たちは月4万1000円の中の、7000円を送迎の仕組みに割り当てています。サ高住の運営管理者としては入居者だけを乗せればOKなのですが、しかしここはあえてNPOにして、地域住民もそれを利用できるようにしたというのがミソなんです。そんなことは運用が大変になりますので普通はやりません。しかし私たちは「まちづくり」をやっているからやるわけです。

近山　まちづくりの要《かなめ》は送迎だと、私たちはずっと言ってきました。一番の要は住宅と送迎。それが厚生労働省がかかげる地域包括ケアシステムでは重要視されていないのです。医療と介護のことばかりが多くて、「人と会うと元気になる」とか言うのだけれど、移動手段がなければ家にいるしかないわけで……。

私たちは新しい試みを実践するときに、必ずリサーチします。地域の人たちは3世代で暮らしていて**家族を頼れるから大丈夫と思われているけれど、それは表向きのことです。本当は、孫にも頼みにくい**。頼むと車を買ってくれが始まってしまうから、と言っていた人もいます。病院くらいだったらまだいいけれど、お寿司食べに行きたい、温泉行きたい、コンサートや映画に行きたい、お友だちに会いたいとかは言えないというわけですね。**高齢者は小さくなって暮らしているのに、そこは行政からは見えにくい、家族もそこまでは考えていない**と思います。送迎は地域経済と文化的生活の基本だと思います。

◉見落とされている高齢者の生活実態

――3世代同居でも、高齢者が安心して住める環境ではないのでしょうか?

近山　3世代で住んでいる家族でも、昼は高齢者が一人暮らしということも多いです。

私たちが一番驚いたのは、外から見たら3世代住宅でも、リサーチしてみたら、お父さんは東京に出稼ぎに行っているから土日しか帰宅しない、孫を見に帰ってくるだけ。妻は働きに行っている――。すると、おばあさんやおじいさんは昼間ひとりきりなんです。冠婚葬祭で言うと、昔、葬祭(葬式と正月などの年間行事)は地域でやるものでした。でも、ある世帯主の男性が言っていたのは、「ついこの間、隣のお婆さんが亡くなって葬式があったのを知らなかった。さすがにおれもあの時は地域が危ないと思った」と。都会と一緒ですよ。そういう実態を行政は知らないのではないかと思います。私たちはアンケートをとって直接リサーチに入ったから、お話ししてもらえましたが、行政はそこまで丁寧にはやらないようです。

どうすればいいかを考えてリサーチをしないから適切な答えをもらえないんだと

思います。私たちは、現時点でベストな仕組みはないだろうから作らなければいけないと思ってリサーチをするので、的を射た答えを引き出せるのだと思っています。

東京など首都圏から転居して暮らすときは、つい山奥の涼しい見晴らしのよい、つまり山道を登ったようなところに住むことを希望しがちですが、冬に雪が降ると除雪が必要となります。また運転ができなくなったらそこには暮らせません。訪問診療と訪問介護・訪問看護を自分で使いこなせれば暮らせるでしょうが、それさえ知らなかったら孤立します。別荘暮らしの人たちにリサーチをすると、夫婦で車を2台もっているのが普通で、維持費が一人月3万円くらいかかっています。そういう人たちにとっては、月7000円は決して高い金額ではないですね。

佐々木　実際、別荘でお暮らしの方で夫が脳梗塞の後遺症で車いす生活になったご夫婦が「ひろばの家・那須3」に入居されました。別荘は階段があって、段差だらけの造りで、デイサービスに出かけるのさえ、とても大変だったそうです。セーフティネット住宅の「ひろばの家・那須3」に転居されて、別荘よりは狭い部屋にはなっていますけれど。ご夫婦でカフェで食事をされたり、イベント参加されている姿をよく見かけます。夫はここからリハビリのためにデイケアにも出かけています。

《コーヒーブレイク》～移動は、福祉の基盤

鏑木孝昭

その人らしく生きるために必要なことの一つに、「自由な移動」があります。自由に移動できてこそ人は生活の満足度があがります。自由に移動できる人はできない人より健康で幸福度も高いという研究結果がいくつもあります。高齢などの理由で運転ができなくなったときは公共交通機関であるバスやタクシーに頼ることを考えますが、少子高齢化が進む日本では各地でバスやタクシーが事業縮小しており、自由な移動が難しくなるのが現実です。

この現実に対し、私たちが重視するのは「助け合い交通」です。車を運転できる人ができない人の送迎をするのです。送迎をするためには安全の確保だけでなく法律の縛りが厳しく、助け合い交通の実施には困難がありますが、助け合い交通に取り組む市民団体のネットワークがあり、知識や経験を共有しながら各地の市民団体は助け合い交通に取り組んでいます。那須での助け合い交通もこのネットワークの助けを借りながら構築してきました。

2018年の那須まちづくり広場開設から間もなく、送迎する人とされる人がグループを作って助け合う会を作りました。2023年のひろばの家・那須1の開設に合わせ、NPOで決まった運行ルートで送迎を行なう仕組みを作りました。送迎するドライバーも送迎される方も同じNPOの会員となり、NPOの会員サービスとして10人乗りのワゴン車で送迎をしています。

このような活動が広がることが、福祉の質を向上させると確信しています。

◉ケアプランは自分で作れる

――ケアプラン*って、自分で作れるんですか?

近山　作れます。ほとんどの人はケアマネージャー以外の人はつくれないと思い込んでいるけれど、自分でもつくれるのです。

佐々木　全国マイケアプラン・ネットワークの代表の島村八重子さんが、義母が介護状態になったとき、いろいろ調べているうちに自分で作れることに気がついて作り始めたのです。私も、島村さんが地元の府中で開催したケアプランの研修に参加しました。サザエさん一家を事例に使って、シュミレーションして、おもしろかったです。

府中市の介護保険の担当者は、「利用者が自分でケアプランを作ったりすると、介護保険を過剰に使われてしまうのではと思ったけれど逆だった」と言っていました。介護保険を利用すれば利用料を負担するのだから、吟味します。自分で考えるので介護保険はそんなに使われませんでした。

近山　かえって、上手にきちっと正しい使い方をする人が増えたと言います。厚生労働省は、それをやったらケアマネの仕事がなくなるかもしれないということと、介護保険を過剰に使うかもしれないと心配したけれど、結果は非常に上手に正しい使い方することになりました。知るということは大切ですよね。新しい制度が施行さ

***ケアプラン**
15ページ、97ページ参照。

れる時には私たちは十分に学習しなければなりませんね。**施行時に学習する仕組みは必須だと思います。**

◉地域の資源で統合医療をめざそう

――「那須まちづくり広場」では、統合医療の活動も取り入れているのですか？

近山　医療、介護の仕組みを支えるもののひとつが統合医療です。統合医療とは地域にある代替医療である鍼灸、マッサージ、漢方薬などを見直して、病気にならないで未病のままでいようとか、ただ医療を受ける側にならずに自立的な生活をしましょうということをめざす活動です。

佐々木　「那須まちづくり広場」は統合医療の社会モデルになっています。

いま少しずつ知られるようになりましたが、患者にならないため、病気にならないための生活環境や、地域の環境を良くしたり、それを活かす暮らしの実践です。

3・11で流通が止まった時に、西洋医学では役にたてないものがたくさんありました。その反省から、地域にあるもので医療が賄えないと急場に役にたたないという経験から、統合医療が見直されたということがあります。たぶん、今後さらに注目され普及すると思います。

――今後、全国に広げていくために、すでに始めていることはありますか？

近山　ありがたいことに、那須まちづくり㈱への問い合わせは多いです。すでに、那須地域では私たちと連携して進めたいと、複数の申し出があります。また、（一社）コミュニティーネットワーク協会は、地方・郊外・都市部に少子高齢社会の先駆的モデル地域を創り続けてきました。都市型のプロジェクトとしては東京都豊島区で「としま・まちごと福祉支援プロジェクト」を、郊外型としては、団地再生の「多摩ニュータウンプロジェクト」を、地方・過疎地型として、「那須まちづくりプロジェクト」を支援、実施を行っています。

（一社）コミュニティーネットワーク協会は、中間支援組織のような役割を継続し、「ヒト・モノ・カネ・情報」で全国の事業者組織をサポートしていきますし、多世代多文化のまちづくりのプロデュースや研究を続けていきます。**フランチャイズのような加盟店・多店舗展開の仕組みではなく、あくまでもネットワーク型で進めます。**

那須まちづくり㈱は、今後も、（一社）コミュニティーネットワーク協会と連携して、「１００年コミュニティー構想」の事業を進めていきます。

《コーヒーブレイク》～人まかせにしないマイケアプランを

島村八重子

全国マイケアプラン・ネットワークは、「介護が必要になってもケアプランを人まかせにせずに、人生の最期まで暮らしを自分で組み立てていこう」と、２００１年から活動している市民団体です。

介護保険制度では、サービスを使うときのケアプランを作りサービスがうまく回るようにマネジメントを行って支援してくれるケアマネージャーという専門職がいますが、利用者や家族が自ら行う自己作成という方法も設けられています。

私は介護保険制度が発足した２０００年、義母が要介護１と認定されたのを機に義母のケアプラン自己作成に関わり、その経験から、自己作成、ケアマネ作成にかかわらず利用者がケアプランにどう向き合うかをずっと考えてきました。

自己作成でケアプランを立てた時には、私たち家族は義母とずいぶん話をしました。

義母がどう生きてきたか、価値観、どんな人とのかかわりがあるのか、好きなこと、苦手なこと、これからどんなふうに暮らしていきたいか、これからやりたいこと、何ができて何ができにくくなっているか、などなど。

そこで強く感じたのは、ケアプランを考える過程は、まさに暮らしの棚卸作業だということでした。義母にとって自分を掘り下げてこれからの暮らしに向き合う契機になったのはもちろん、私たち家族にとっても義母のこれまでの人生や人となりを理解するとても良い機会となったのです。

そしてこれは、自己作成者だけでなくケアマネージャーに依頼している人にとっても共通して大切なことだと思うのです。

よく利用者からは「ケアマネージャーにお任せしている」といった言葉を聞きますが、ケアマネージャーはサポーターであり、暮らしをすべて引き受けてくれる人ではありません。

利用者が暮らしの棚卸をして自分がこれからどう暮らしたいかを考えケアプランの土台として考えたことをケアマネージャーに伝えることが、脱おまかせの一歩です。

全国マイケアプラン・ネットワーク協会が開発したマイケアプランを作成するための便利ツール「あたまの整理箱」と「玉手箱」。暮らしの棚卸しをして、自分が望む暮らしを考えるために工夫されている

制度自体、これからも自分らしく自分の望む暮らしを送っていくために利用するツールに過ぎません。このツールを賢く使いながら、ここに書いたようなマイケアプランの気持ちで介護保険制度と向き合っていただきたいと思っています。

（しまむら・やえこ…
全国マイケアプラン・ネットワーク）

第5章……私たちの提案・提言

この章では、これまで述べてきたような経験や実践、考えをもとに、自分らしく生ききるための暮らしづくりについて、冒頭で「私たちの提案・提言10カ条」を提示します。みなさんの暮らしや高齢者住宅づくり、まちづくり、政策づくりの参考にしていただければと思います。

◉私たちの提案・提言

①すべての人が最期まで安心して暮らせる「まちづくり」

「自分らしく生ききりたい」を実現するために、「まちづくり」を40年間、実践してきました。その「まちづくり」を「100年コミュニティ」と呼びます。ジェンダー、年齢、障がいの有無、人種、宗教を超えて共生する地域交流拠点を各地に、広げます。

②金持ちより、友持ち、情報持ち

自分らしく生ききる「100年コミュニティ」実現のために、「情報」↓「ヒト」↓「カネ」↓「モノ」の資源を引き出し、バランス良く活用しましょう。

③仲間づくりをしよう！　人の輪がセーフティーネット

「自分らしく生ききる」ことを支えるのは、一人ではできません。なんでも気がねなく話し合えて、価値観を共有できる友人は大きな支えです。昔から言います「遠くの親戚より、近くの他人」。

④いつでも、どこでもジェンダー平等

「自分らしく生ききる」には、当事者性を発揮することが基本になります。男が決めて女が従う社会を改め、「ジェンダー平等」を基本に行動することが前提です。

⑤自己決定で、当事者性を発揮する

自分で見て、考えて、行動することを身につけ自分で決めましょう。多種多様な実践があります。自分で決めることで満足でき、間違ったらすぐ変更できます。

⑥暮らしの中に学びと実践を！

今までの常識が通じない現代、フェイクニュースが幅を利かせる現代では、事実を知り、自己決定しながら、実践をして確認することがとても大切です。日々の生活の中で、学びと実践を繰り返して、自分らしい暮らしを実現していきましょう。

⑦寄付文化で社会を支える

「情報」「ヒト」「カネ」「モノ」、自分の持てるもので社会貢献をする。寄付文化を成長させて、次世代へ、平和で暮らせるまちづくりを創造しましょう。

⑧福祉の基盤は、住宅と移動

暮らしの器である「住宅」、動く生物である人間の基本の「移動」は、福祉の基盤。住宅＋ケア、住宅＋移動という考えに立ち、自分の生活の場が福祉の中心となるように設計します。「移動」は経済の基本です。

⑨社会保障に住宅保障を

住宅は福祉の基本です。日本国憲法第二十五条には「すべての国民は健康で文化的な最低限度の生活を営む権利を有する」とあります。ヨーロッパでは社会保障として、住宅手当と社会住宅*（102ページ参照）があります。安心して暮らせる住空間は最低限の条件です。

⑩人間に投資せよ！　人間に投資しない国は滅びる

昨今では、奨学金のために多額な借金をかかえた状態で社会人デビューする若者がほとんど。未来を担う若者に借金させ、人間に投資しない国には未来が見えない。

「私たちの提案・提言10カ条」について、（一社）コミュニティネットワーク協会、神井孝子会長と初代理事長を務めた近山恵子が、これまでの活動を振り返り、これから全国でまちづくりをしようと考えている皆さんの取り組みにどう活かせる可能性があるかを語り合った対談をお届けします。

◉人生の完成期のための仕組みづくり

（一社）コミュニティネットワーク協会の設立は１９９９年。多世代・共生のコミュニティ「１００年コミュニティ」の創生を目指しています。前身は兵庫県神戸市で在宅の看取りに取り組んでいた「完成期医療福祉をすすめる会」。中心を担っていた神代尚芳医師は「死は終末でも、消滅でもない、人間はその生を完成させるために、常に完成に向かって生きていく」という死生観を提唱、実践されていました。しかし「医師や看護師だけでは、人々の完成期を支えるには限界がある」と気づきました。「完成期」を迎えるための環境が必要だと考え、安心して完成期を迎えるための支えあいの仕組みづくりを目指す（一社）コミュニティネットワーク協会を設立しました。

私たちは、次のような活動を柱とすることにしました。

①コミュニティづくりのための調査・研究
②地域の活動を支えるネットワークの構築

＊社会住宅
ヨーロッパにおける住宅政策の一つ。建設や維持管理に公的な助成がつく、低家賃で入居できる住宅。

③地域プロデューサーの育成
④情報センターの設置

◉原点は、「シニアハウス大松」

近山　袖井さんは、高橋英與さんが作った「シニアハウス大松」（64ページ参照）を日本の高齢者住宅の原点と評価されていますが、どうやって知ったのですか？

袖井孝子（後、袖井）　高校時代からの親友に教えてもらいました。彼女は国際交流を目的とする女性のグループを組織して名古屋で活動していました。ある時、電話があって「面白い人がいるから、会ってみたら」と高橋さんを紹介されました。たまたま実家が「シニアハウス大松」まで徒歩15分ほどだったので、実家に帰った折に訪ねることにいたしました。出かけてみて、高橋さんにお目にかかり、見るもの聞くもの驚きの連続でした。

当時１９８０年代の日本では、高齢者の半数以上が三世代世帯で暮らしていました。老人ホームはあったけれど、いわゆる高齢者住宅はまだなかった。単に建物を提供するだけでなく、高齢になってから、全く新しいライフスタイルを選びとるというのが、それまでの日本にはない発想でした。

１９８０年当時の日本では、高齢者は三世代世帯に暮らすのが普通だったので、ひとり暮らしをする高齢者はかわいそうな存在とみなされていました。家族と暮らすことが難しくなると、住み慣れた地域から遠く離れた山の中の老人ホームに移住させられるというケースもみられました。

「シニアハウス大松」を最初に見学に行ったときには、建物の大枠はできていたのですが、暮らしの仕組みや支えあいをどうするかはまだ決まっておらず、その話し合いをしていました。

基本構想としては、コーポラティブ方式という参加型で、日本では初めての試みだったのではないでしょうか。

経済的自立のために、入居者が居酒屋や洋品店を開設しそこで高齢者が働くとか、今でいう「暮らしの保健室」にあたる健康相談ができる場所があるといいなど、入居者や地域の方の希望を出し合い、話し合って作っていきました。

実際に、1階に店舗を、2階には保健婦*さんが健康相談にのる保健室、それに図書室、会議室など共用スペースがたくさんある作りになっていきました。

街の中にあるというのにも、感心しました。当時の老人ホームは、たとえば東京でいえば、八王子や青梅の不便な山の奥に建てられていました。有料老人ホームもぼちぼち建てられてはいたけれど、やはり人里離れた所に作ったから、棄老というイメージそのもので、親の入居で送って行った人は涙が止まらなかった、などと聞かされました。

＊「保健婦」と「保健師」　「保健婦」はかつて女性の保健指導者を指す名称であった、2002年、法改正により、男女とわず「保健師」に統一された。看護師と保健師の両方の国家試験に合格して得られる国家資格。

そんな時代に、自ら間取りも決めて、経済的にも自立できる道を考えて、話し合いで住む人の希望を出し合って形にしていくというのは、高齢期の生き方としてとても新しい提案でした。

福祉の基盤の住宅を自分たちで作り、自己決定と仲間づくりをしながら、最期まで安心して暮らせるまちづくりを目指す原点が、すでにそこにはありました。

今でも、多くの老人ホームや高齢者住宅は、地域から孤立してその中だけでの生活に限定されがちですが、高橋英與さんのつくったものは、地域に開かれていて、地域の方と交流するとか、多世代交流の仕組みと仕掛けがありましたね。そういう発想がすばらしいと思います。

近山　（一社）コミュニティネットワーク協会では、高齢期の住まい方についてのニーズ調査を何回もしてきましたが、**①自由な暮らし、②多世代交流、③住みなれたところで暮らしたい、という三大要素**はずーと変らないのです。

③の住みなれた所で暮らしたいというのは、今では、地域自体が変貌してしまうことも多くなり変ってくると思いますが、この三大要素に経済的自立も「シニアハウス大松」では視野にいれていたのですね。

袖井　それから、保健室ですね。これにはビックリしました。住んでいる方だけでなく、地域の方も利用できて保健師さんが相談にのる「暮らしの保健室」の先駆けなのですね。

東京都新宿区の「暮らしの保健室」が始まって、まだ10年ちょっとです。2011年に、秋山正子さんが築50年の戸山ハイツで始めて、ようやく各地に広がってきたところです。医者ではなく保健師や看護師が地域の中で健康相談をうける活動ですが、「シニアハウス大松」には、すでにそれがあったのです。

近山　「シニアハウス大松」の保健室に関わった保健師さんは、自然食にこだわり西式甲田療法*などもすすめている方でした。

「シニアハウス大松」の保健師さんは、後に開設した「シニアハウス瑞豊」（開設1988年）で自然食レストランを開業されました。彼女を慕っていた若い保健師さんと体操のあとに、作り立ての青汁やニンジンジュースを飲んで話し合うようなこともされていました。

袖井　東洋医学とか自然食というような発想が高橋さんには、もともとあったのですか？

近山　特に伺ったことはないですが、高橋さんは自炊して、会社にお弁当を持ってきたり、スタッフに昼ご飯を作って一緒に食べるような方で、私も同じようなことをしていましたので、特に不思議とも思わず、当たり前と思って受け入れていて、そのことについて、特に聞いたこともなかったです。

そういえば、高橋さんが、以前東京で養生のために定期的に入院された松井病院は、日本で唯一食養内科を設けていた病院で、最初の面談を医師ではなく管理栄養

＊西式甲田療法　甲田光雄氏が西式健康法を改良した健康法。食事の種類・質・量を規制する食事療法のほか、金魚運動、毛管運動などの健康体操と裸療法、温冷浴などを行うことで、身体にたまった悪いものを外に出し、自然治癒力を高めることで、病気の予防につなげるという健康法。

士が行っていました。お米も作付けを農家に依頼していたと思います。食養内科は２０１５年に閉じたようですが……。

高橋さんは、その後の企画でも、地域に統合医療関係の医療機関があれば連携を模索していました。

袖井　「シニアハウス大松」には「まちづくり」の要素が揃っていましたね。たしかに原点です。その後に作った高齢者住宅もみな地域に開かれていますね。

近山　「シニアハウス新町」をつくるときに高橋さんから参加型を教えていただき、住む人のニーズを中心に据えて課題解決として仕組みをつくるのだから、母と私のニーズを深く掘り下げなさいと繰り返し言われてやってみたのです。課題解決の行動を続けていると同じような問題をかかえている方々に出会うことができ、出会った人たちと各々のニーズを組み合わせて作ったのが「シニアハウス新町」です。デイサービスと宿泊、訪問診療のあるクリニックと東洋医学の鍼灸治療院にはいってもらいました。17世帯とマンションの規模が小さくて食事の提供は採算が合わないと考え、隣はイベントホールのあるビルでしたので、一階には喫茶店を誘致し食事を作ってもらいました。この企画内容を今は〈**医・食・住・遊・学**〉と呼んでいます。

高橋さんは、住む人のニーズを形にするのが設計士だろう、できなければ専門家でも何でもないとはっきり言われるので、私もブレないでニーズが形になるまで、素人ながら最後まできちっとつくりあげました。

柚井　高橋さん、近山さんはコーポラティブ方式を取り入れた参加型を活かして、高齢者住宅を作り続けてきましたが、一般にはコーポラティブ住宅は日本では　定着しなかったですね。

近山　その頃、アメリカではコーポラティブ住宅の市場があると聞きました。同じ地域にコーポラティブのマンションがある場合、コーポラティブ住宅の方が、高く評価されていたと聞きました。コーポラティブ住宅は住民が当事者性をもって、維持管理している点が評価されているそうです。

日本で、コーポラティブ住宅、コレクティブハウスの事例はありますが、あまり広がっていかないですね。

◉（一社）コミュニティネットワーク協会の役割

柚井　私が、（一社）コミュニティーネットワーク協会とご縁ができたのは、高橋さんから職員の研修のためのセミナーをお願いしますといわれて、何回かやらせてもらったのがきっかけでした。

近山　住宅は福祉の基盤。（一社）コミュニティネットワーク協会はそこを強める役割。時代は変化しても、基本は変わりませんね。（一社）コミュニティネットワーク協会は事業基盤として、まちづくりと高齢者住宅を作り続けている人々に、進め方や作り方などを支援しつづけています。

袖井　私は、**福祉の基盤は住宅と移動**だと思っていますが、日本ではどちらも福祉には入っていません。

ヨーロッパでは、第二次世界大戦後、住宅を社会保障制度の一環と考え、住宅政策をしてきました。**中間所得層を対象とした住宅手当と社会住宅がヨーロッパの住宅政策の主流**となっていますが、日本には一般向けの住宅手当や社会住宅はありません。

近山　私も素人ながら実際やってみて、すぐに住宅と移動がとても重要だと思ったのですが、**日本で住宅が福祉に入らなかった**のは、なぜですか？

袖井　**住宅が私有財産の中心となり、経済政策、企業活動の柱となってしまった**ことが大きい。ヨーロッパでは社会保障に住宅が入っていますよ。

近山　かつて、住宅情報誌が住宅探しの要になった頃があります。それで、なんとか高齢者住宅の枠を作ってほしいと、何年もお願いし続けたことがありますが掲載してはもらえませんでした。住宅なのに、なぜでしょうか？　高齢者住宅は住宅ではなく、ケアの仕組みと思っているからなのでしょうか、高齢者住宅は福祉の範疇になるということでしょうか。

今も高齢者住宅は特殊に扱われています。在宅ケアが整っていない証しでもあるように思います。

袖井　以前、フランス大使館主催の「モビリティ（移動）」をテーマとした国際会議に参加したことがあります。ヨーロッパでは、住宅と同様に「移動」も福祉の基盤と考えられています。人間は、動物です。動くものですから、止まったら、死にます。動くことは生物としての基本ですよね。モビリティー、つまり「移動」も福祉の基盤です。

日本には、人間の幸せ、福祉やウェルビーイングから、住宅や移動を考える発想がないですね。

◉寄付の文化を広げたい

袖井　以前から考えていたことですが、寄付の文化を広げる活動もしていきたいと思っています。

近山　誰でも最期まで安心して暮らせるまちづくりのための活動をしている（一社）コミュニティネットワーク協会は、賛同者の方々の会費と寄付で運営しています。社会資源を整え、大きくするためにも寄付の文化を広げていきたいですね。

袖井　日本人は寄付にはお金を出さないと言われていましたが、最近ではけっこう増えていると思いますよ。

近山　以前テレビで見たのですが、寄付された方にどんな時に寄付するのか、伺うと、お金があるとか、ないとかは、あまり関係ないようでした。「子どもが生まれてうれしかったから」とか、「病気が癒えた」とかうれしい気持ちを誰かと共有し、社会還元したいと思う人々がたくさんいらっしゃるようですよ。

袖井　クラウドファンディングも増えてきましたね。自分の考えていることに寄付したい人が増えてきました。

近山　「那須まちづくり広場」でも、災害時を想定して、井戸を掘り直して、飲み水を確保するためのクラウドファンディングをやりました。20万円目標でしたが、26万円ぐらい集まりました。気持ちを身近な社会貢献に表したい人が確実に増えています。最近では、ツリーハウスづくりの寄付が50万円集まりました。

袖井　(公財) 信頼資本財団というユニークな財団がありますね。信頼も資本になる社会を目指す財団で、社会問題に取り組む活動をする社会的企業や非営利団体を応援しています。代表の熊野英介さんはとてもユニークな方ですね。

近山　京丹後で牧場と里山の環境共生活動をされていたころ、高橋英與さん、佐々木敏子さんと3人で見にいきました。那須まちづくり広場を含めた「那須100年コミュニティー構想」をご一緒している「森林ノ牧場」はそのご縁で那須につくられました。

「那須まちづくり広場」でも (公財) 信頼資本財団を通じて、「那須まちづくり広場」事業への寄付を始めていますが、私たちは広報があまり上手でなく、あまりひろがっていきません。広報を含めた寄付関連の専属担当者が必要と思っています。

◉介護を仕事化した介護保険制度

近山　介護保険制度が施行された時は、どう思われました？

袖井　とてもうれしかったです。当時嫁の介護地獄は大問題でした。私が副理事長を務めていた「NPO法人高齢社会をよくする女性の会」では、介護保険制度をつくる時には、様々に議論し、厚生省(当時)へ提案していました。介護保険制度ができて、介護福祉が、措置から、自由意思による契約になり、自己決定が明記され、介護が仕事と位置づけられました。

介護保険制度がなかったら、現状はもっとひどいことになっていたと思います。賃金は低いとはいえ、介護は有給の仕事になりました。嫁を介護地獄から救った、と思います。さすがに今は「嫁にみてもらう」例は少なくなりました。

最近の調査では、介護の担い手が嫁の比率は4位、1位は配偶者、2位は子ども、3位は介護ヘルパー、4位が子どもの配偶者です。最近は息子が介護するケースも増えてきました。

近山　介護保険制度の最近の動向はどう思われますか。

袖井　要支援を介護保険から外して、各自治体の総合事業に任せてしまった。さらに要介護1～2を外して、これも自治体に任せようとしています。今回はいったん止めたけれど、また出してくると思います。
「地域全体で、高齢者を見守りましょう」と言っている専門家や団体があります。しかし、実際にできるかというと無理がありますね。自治体と有償ボランティアを当てにしているようです。現在、有償ボランティアを担っているのは、70代、80代のほとんどが女性です。今の方々が辞められたら、あとやる方は少ないと思います。

近山　国にお金がないのでしょうか？

神井　あるけれど、福祉に使いたくないのでしょう、武器を購入する資金はあってもね、43兆円ですよ。介護ならせいぜい2～3兆円で解決できます。国の福祉政策が劣化しているのです。

◉暮らし、人生の基本をトータルで学ぶ家政学

近山　第1章ですでに述べましたが、家政学の必要性も見直したいと長く訴えてきました。生活設計もその一部だと思います。
　生活設計が必要と繰り返し伝えてきましたし、実践してきました。義務教育で家政学を教えてほしいと思います。自分の暮らし、人生を「情報」「ヒト」「カネ」「モノ」などトータルで学ぶことが大事だと思います。そのために、『Ｏｉｌ』＊という

＊Oil
『Oil（老いる）vol.1　あとまわしにしない「生活設計」』2021年。『Oil（老いる）vol.2「老後のお金」は足りますか？』2022年。ともにジャパンマシニスト社刊

本を出版しました。「那須まちづくり広場」や東京で開催しているセミナーもそのようなことを意識してテーマを選んでいます。

先日、那須まちづくり広場で働いている20代の女性に「憲法には働く権利があると書かれている」って言ったら、驚いていました。そんな権利があると知らないのです。自分を守る基本で大切なことを知らない。それこそ家政学、生活の基本の全てを学んでほしい。

また彼女は大学時代に教育資金を借りていて、毎月3万5000円ほど支払っており、返済は、45歳まで続くというのです。本当にびっくりしました。でも彼女にとっては、周りの皆がやっていることなので、普通のことなのです。彼女には「これから何があるかわからないのだから、早く返したほうがいい」と言いました。生活設計を一緒にやり、借り換えなども勧めています。

袖井　学生をみていると、借りるのが普通。返す時のことを考えていないようです。教育資金の金利は今の銀行金利と比べてはるかに高い、でも、みんながそうしているので、それが普通になってしまっています。知らないうちに若者に借金させる国になっているのですね。

国の奨学金制度の場合は以前、教員や研究者になると返済しないでもよかったのです。私も教員になったので、返済免除になりました。それをいつからか止めてしまったのです。そのこともあって、教員のなり手が少なくなったのでしょう。

近山　先日、地元の宇都宮大学の先生にセミナー講師をしていただいたときにうかがったら、宇都宮大学でも、多くの学生が奨学金や教育ローンという教育資金の借金をしているとのことで、その返済のためにバイトばかりする学生が普通になってしまっているそうです。

袖井　奨学金について、日本学生支援機構では本人が返済できない時、連帯保証人に返済を求めたりして、裁判になっているケースもあります。支援どころか全くの金融業者となっています。

近山　那須の農家には農協に多額の借金をしている方がかなりいると聞きました。支援のために立ち上げられた組織が身近な人を食い物にして、汗水流さないで、金融で稼ぐやり方が普通になってしまっているようですね。

袖井　家政学には、ジェンダー、消費者問題、保育、介護などいろいろ押し付けられてしまう傾向があるのだけれど、最近では、金融教育に関する授業が入ってきました。金融庁の資金援助もあります。

それにしても、日本政府って、悪徳代官みたいですね。若者に借金させる国、人間に投資しない国に未来はないです。

家政学は最近、「生活科学」や「ライフデザイン」などと言うようになっています。日常的な家事の遂行方法を身に着けるのではなく、生活をどうするのか、人生をどう生きていくのかを具体的にトータルに学ぶ機会は必要です。

近山　世界には、留学生にまで無料で授業を受けさせている国もあります。若い方々は国の未来をつくる方々です。何とか、学びの期間に借金を負わせるようなことのないような環境にしたいです。若い時から生活設計をたて、自分と周りの人生設計を重ねて希望を見出してほしいです。また、そういう環境を整えていきたいですね。気が付いた時がその時だと思います。学びと実践の機会を作り、人材育成とまちづくりを継続させていきます。

第6章……私たちの選択

＊住まいの選択は、生き方の選択

旧朝日小学校校庭に建設されたサービス付き高齢者向け住宅「ひろばの家・那須1」（1期49戸）は、2023年1月に開設され、入居が始まりました。

それから半年後に、「ひろばの家・那須1」に入居した方々のご自宅を訪問し、直接、お話をうかがいました。

この章では、入居した方々のごく一部、11名の方々のインタビューです。

暮らし方も年代も多様です。「ひろばの家・那須1」に入居するまでのプロセスや選択の理由は人によって違いますが、それぞれが自身の生活設計をし、これからの新たな生活を「那須まちづくり広場」で始めようと決め、入居しました。

なかには、入居後、新たな生活設計を立て、「ひろばの家・那須1」を出発した方もいらっしゃいます。それぞれのプロセス、選択、生き方は、個性豊かで、唯一無二のもの、それぞれの完成期への道しるべではないかと思います。

私たちが最期まで「生ききる」ための選択とは何か、「自分らしくある」ために何が必要なのか、「高齢期をどこで、誰とどう住まうか」を考えるヒントになればと思います。

最期まで生きるために選んだ

〈仕事を続けたい方のケース〉――エンドウノリコさん（1947年生）

◉森林だけ撮影した「那須で100年コミュニティをつくる会」

那須を初めて訪れたのは、もう十年以上前の2009年のことです。近山さんから、「那須で新しい企画を始めるので、見学に来ない？」と誘われたのです。私はまだ60代で、老後をテーマにした作品「おひとりさまを生きる」の構想中でした。

（一社）コミュニティネットワーク協会のプロジェクトで、協会が企画した高齢者住宅に入居検討をされている方たちが自費で参加する宿泊付きの現地見学会「那須で100年コミュニティをつくる会」があるというのです。

当然、撮影機材を持って参加しましたが、行ってみると、現地といっても山というか森林というか原野があるだけで、「本当にここに建つの？」というのが私や参加者の正直な感想でした。なので、撮影は立ち並ぶ森林を撮るだけでした。これは作品のオープニングに使っています。

ツアーは2日間びっしりスケジュールが組まれていました。元気なうちから入居して、介護が必要になったときも地域の医療や資源を利用しながら自分らしく生ききる（一社）コミュニティネットワーク協会の理念を医師である故・神代尚芳会長から伺い、高齢期についての勉強をし、食堂担当者で管理栄養士の篠崎美砂子さんが作る美味しい食事を満喫しました。その後、近くの温泉にも入りました。

私はあかね工房を主宰、ビデオ映像制作・販売を主に30年以上、映像にかかわってきました。私の自主制作作品は労働をテーマにした「解雇される女性」パート1と2、「知っておこうよ！女性の年金」、性暴力やDVをテーマにした「自分をとりもどす」「性暴力サバイバーからのメッセージ」「DVサバイバーのためのワンストップセンター」、老後をテーマにした「おひとりさまを生きるシリーズ」パート1と2、そして「60代から輝いて生きる」など9作品です。

◉ウーマンズスクールとの出会い

実は私は20代で公務員、30代で音楽教室の講師をしていて、40代で入った会社で担当したラッピングの仕事は、楽しくて天職かと思うほどでした。が、その頃、ビデオ映像にも関わっており、会社を退職する時はどちらを仕事にしようかと迷いました。

私がビデオ映像制作と出会ったのは、大阪府吹田市に1991年に開講した「ウーマンズスクール」でした。その私塾の学校は「女性が自立するために手に職を！」ということで各種講座があり、その中にビデオ映像制作講座があったのです。当時私は結婚していて、夫の転勤で東京から大阪に移ったのですが、5年間は東京と大阪を月いちで往復していました。夫の転勤で妻が仕事を退職する必要はないと思ってはいましたが、関西の文化に関心を持ち始めていました。その時に「ウーマンズスクール」が開講したのです。だから「これは私のための学校だ」と思い入学しました。

女性解放運動に戦前からかかわっていた小西綾さんが校長、フェミニストの視点で文学を読み解く分野のパイオニア駒尺喜美さんも講師で「わかった曼荼羅」などの講座を担当されていました。受講生はいくつもある専門コースから学びたいコースを選べ、私は「ビデオ映像制作」を選びました。当時は「これからは映像の時代」だと言われていましたが、40代の女性が進出するのは難しいと思われた分野です。しかし幼い頃より、小説や映画で描かれる女性の姿に疑問をもっていたこともありましたし、講師からの「仕事はたくさんある」という言葉に未来が開ける思いがしました。

ウーマンズスクールの受講生は、どのコースを選ぶにしろ、まず駒尺喜美さんの「フェミニズム概論」を受講することが必須でした。私にとって、駒尺喜美さんの明晰な分析は、毎回「目からうろこ」以上に刺激的で、受講生仲間たちと講座後に飲みながらのフェミニズム談義で充実していました。

専門コースでは技術的なことは元より女性の視点が大事なことをしっかり学びました。そしてウーマンズスクール卒業後、11人の卒業生のうち6人で、ビデオ工房AKAMEをたちあげました。まだ高価だった編集機と業務用のビデオカメラ購入のためにお金を持ち寄って購入しました。数年間は受講料の代わりだと、毎月お金を払って機材を置く場所の家賃を払いながら維持していました。それは、ちょうど大阪市をはじめ各都道府県に女性センターができてきた頃で、女性の制作集団として世間に少しずつ注目されだし、制作やビデオ講座など依頼がくるようになりました。

◉初仕事は、行政からの注文

最初に宝塚市から、「家族」をテーマの作品を依頼されました。それは小西さん、駒尺さんが私たちを推薦してくれたからでしたが、その後、大阪市のドーンセンターやあちこち多くの行政からの依頼がありました。それに合わせメンバーで担当を決め仕事をしました。中でも豊中市からの「ワーキングウーマン」は3年続けての大きな仕事でしたし、自分たちの自信になり、周囲の見る目も変わってきました。

個人的には対等の夫婦になれると思って始めた結婚生活でしたが、家事分担も最初はしっかりやっていたのですが、夫が会社での地位が上がり、仕事で収入が増えるにつれて、夫より収入の少ない私を見下すような態度になってきました。映像の仲間と集まって話し合っている時に、夫の帰宅に合わせて先に帰るのが苦痛となりました。なんと6人のメンバーの2人が結婚していたのですが、2人とも離婚してしまいました。

映像は伝えるための作業です。自分が伝える情報で元気になる人がいたら、とっても幸せになります。特にDVの被害者支援に関わりだしてからは、情報がないために苦労している女性たちをみて、情報があったら逃れられたのにということがたくさんありました。そんなこともあり、自分が良いと思ったことを知らせたい、伝えたいということが、誰かの役に立ち、その人が喜んでいる姿を見ると私の喜びは何倍にも膨れあがるのです。「伝える」――これは私の生きる基本姿勢になりました。

◉大阪から「那須まちづくり広場」の撮影に通った2年間

「那須まちづくり広場」は2020年、「地域づくり表彰」、国土交通大臣賞「小さな拠点部門」を受賞しました。その翌年2021年「那須まちづくり広場」を紹介する1時間のDVD製作と毎月1～2本のYouTubeを継続してあげる仕事を注文されました。そこから一カ月おきに撮影のために大阪から那須に通うという生活が始まりました。

隔月に基本3泊4日の那須での撮影を組み込んだ日程を組みました。私は計画を立てたら、その通りに実行するのが好きです。その時々で友人に会うこともありますし、東京で1泊して姪に会う、買い物するなどを計画に組み込むこともあります。たしかに機材は重いし、東京に寄るときは駅のコインロッカーに機材を預けるなど工夫しつつでした。大変ではありましたが、当然のこととして使命感を持って仕事をしてきました。

◉まさかの姉の死

また2020年には、個人的に大きな変化がありました。元気だった姉に脳腫瘍が1月に発見され、6月には亡くなってしまいました。

私は離婚後、契約などの保証人は姉に頼んでいました。姉は学校の成績もよかったため、先生にえこひいきされるような子どもで、それを当然のように受け入れるようなところがありました。姉は自分の立場でしか考えられないタイプ、そんな姉を見て、私はますます公平、平等が気持ちいいはずなのに、なぜ姉はそう考えられないのだろうと不思議に思っていました。

◉私は女性への差別はもちろん、あらゆる差別は嫌いです

姉が急逝した後、親族は姉の子である姪が2人となりました。上の姪はしっかり者でシングルだったのですが、50歳で急に子どものある方と見合いして結婚。相手の子どもを養子縁組し、新しい家庭をつくりました。下の姪はまだ40歳、発達障がい的な気質を持ちます。東京の実家に一人で生活していますが、片付けができない状態で、私は上の姪と連絡を取りつつ、月に1回は東京に行き、片付けをして、下の姪の様子を見る生活を続けています。

私は、平等、公平を重視したい、相続もそうしたいと思っていましたが、亡くなった姉は、母の財産の多くを相続しました。姉は長女として「家の墓の面倒は私が最期までみる」と言っていました。上のしっかり者の姪は、その母の行動をみて、相談もなく受け継ぐ相続の手続きをしてしまいました。下の姪は「争いたくない」と言い、ほとんど相続していません。ですから、私は私の少ない財産を下の姪に相続させたいと考えています。

◉保証人は誰に？

そんな状態で、「ひろばの家・那須1」を契約するときの保証人を上の姪には頼みたくない、下の姪には頼めないと思い、それが、課題でした。

そんな時、「人生100年まちづくりの会」で入居相談者の佐々木さんから「保証人は友人でも良い」と聞き、友人に頼みました。身内ではなく、近くにいる友人を保証人に選択したのです。「ひろばの家・那須1」には、他にも友人同士でお互いを保証人としている例もあります。血縁より、

地縁です。

なかなか自立できない姪のことは悩みの種でもありますが、人の生き方はそれぞれです。那須で居心地よくのんびり暮らしている身には、一つぐらい悩みがあっても良いかなと思っています。

それと、大阪で長年関わっていたDV被害者の電話相談ですが、那須に来るのを機に止めようと思ったのですが、人手不足でもあり、チャットの相談だけ引き継いで那須に来てもやっています。いまは若い人でもデートDVを体験するという例も多く、深刻な現実があります。女性支援が私の基本でもありますし、いま世間の厳しさに接していない私は、女性たちの悲鳴を聞いて、現実の厳しさを突きつけられている思いです。

◉地域づくり、コミュニティづくり

森林を撮影した十数年前の構想「那須100年コミュニティ」が実現しつつある――。これは関わるしかないなとも思いました。廃校になった校舎を利用した「那須まちづくり広場」の2階にシェアオフィスがあると知り、借りることにしました。長年オフィスを維持してきたので、自宅以外に自分の居場所があるということは嬉しいことです。資料置き場であり、月に1度開催している「DVD上映をして話し合う会」の会場でもあります。上映作品はリクエストで選んでいます。

「那須まちづくり広場」を紹介するYouTube作成は「共につくる　那須まちづくり広場」と題して、那須まちづくり（株）の中心メンバー3人の役員（近山さん、佐々木さん、鏑木さん）、次に「共に

つくる　那須まちづくり広場　介護のスタッフ」として、介護事業者ワンランド㈱の石井悦子さんと池沢麻実さんを撮影しました。

石井さんは、いまは「ひろばの家・那須1」に娘の南さんと住み、ハウス長になっている方です。彼女は、「那須まちづくり広場」に新しくできる住宅に「住み、そこで働き、年老いて、一生を終えたい」と語ってくれました。その語る姿に、実直な人柄を感じました。こんな人がそばにいたら、心強いなと感じたのです。また食事づくりを担う篠崎美砂子さんの撮影では、食べることが、個人の健康にとって重要なことであるだけでなく、食を通じての、地域づくり、コミュニティづくりを目指していることを知りました。「『那須まちづくり広場』を地域のつながりの拠点にしたい。これはいままでできなかったことであり、他ではできなかったこと」と話すのを聞いて、大きく心が動きました。

実はこの時まで、高齢期に住む場所として、那須ではなく他の地域でも良いかなと考えていました。でも篠崎さんの「いままで出来なかったこと、他ではできなかったことをここでやりたい」を聞き、「住むなら、ここしかない」と思ったのは移住のひとつの動機となりました。

那須まちづくり株式会社役員の近山さんたちが、地域づくり、コミュニティづくりをしていることは、伊豆でプロジェクトを始めた頃から知っていて、具体的イメージとして、「那須１００年コミュニティ」がまさにここにできつつあることを感じました。また、さらに足りないものをここでつくり始めようとしているのを知り、これってもしかして理想的なまちになるかもしれないと思うようになりました。

社会に関わり続ける仕事を生涯続けていきたい私の希望を実現できるコミュニティがここにあると感じましたし、新たなフェミニストにも会えるかもしれないという期待もありました。

◉自由設計は大きな大きなおまけ——あてがい扶持でない暮らし方

自由設計できることは「ひろばの家・那須1」に入居を決めた大きな要因の一つでした。私は幼いころから家の間取りを書いたりするのが好きでした。友だちの家に行ってくると、そこの家の間取りを書いたりしていました。大阪のマンションも自分の動きやすいように、居心地がいいようにレイアウトにしていて、それは捨てがたいと思っていたのですが、「ひろばの家・那須1」の設計担当の方が、私の案をかなり受け入れてくれたのです。出来上がった規格の場所に自分の生活を合せるのではなく、新しい生活をイメージしつつ、快適な暮らしのために必要なものをつくることができるというのが、大きかったです。

夜空を見上げることのできる高窓、整理しやすい納戸など、私の使いやすいように、居心地のいいように納得できるものを作ってもらいました。ほとんどの高齢者住宅ではやっていないこのおまけは、とても大きかったです。これは近山さんたちが日ごろ言っている「住居は生活の基盤、健康・発達・福祉の基礎という居住福祉」の実践の一つです。

◉人生の満足度を上げる

いままで、便利を重視して、生活をしてきました。那須はもちろん不便な面もありますが、それは承知で来ましたし、だんだんと慣れました。それに便利ってなんだったんだろうと、いまは思います。便利を求めるよりも、人生の満足度を上げることが重要だと気が付きました。それに那須に来てから、便利な面もあります。撮影や上映会の時、忘れ物をしてもすぐ歩いて取りに来られます。住まいと事務所、ホールがすぐ近くの距離にあるのですから。この便利さが、私の生涯現役を貫きたい意志を支えています。

コロナは大変なことでしたが、リモートワーク、ネット生活は充実しました。大阪では徒歩圏内のジムに通っていましたが、いまはネットのジムで、いろいろな先生の指導が選び放題です。自宅がジムになるわけです。

那須に来て、困ったことは、ブヨ、クモなど虫が多いことですね。ブヨには何度もかまれました。でも、それは自然が豊かということでもあります。なにより那須は野菜が新鮮で、安くて、美味しいです。また夜、高窓から星が見えればベランダに出ます。星が本当にきれい、月がこんなに明るいのだということも知りました。那須に来て、星空を見ることが楽しみになり、いろいろ詳しくなりました。やはり私は知ったことを周りの人に伝えたくなります。またもっと詳しい方を呼んでセミナー講師になってもらい、勉強したいと思うようにもなりました。

自宅の白い壁も重要です。プロジェクターで壁に好きな映像を映して、ゆっくり見ることができます。先日も友人が来た時に、この壁で、一緒に映像鑑賞会をしました。

ラジオ体操は朝6時半。ラジオのラジオ体操に合わせて、数人で集まってやっています。ここのコミュニティはできたばかりですが、もっと知り合って、助け合いのできるコミュニティになるといいなという気持ちもあって始めました。このおかげで、私の新しい朝のリズムができました。大阪にいるときは、せいぜい7時に起きる生活でしたが、いまは6時半にラジオ体操をするので、5時半に起きて、軽くストレッチなどします。ラジオ体操の後は、散歩に出かけます。山がきれいに見えたり、おもしろい雲をみつけたり、深呼吸して――、自然には本当に癒されますし、さらに「いいね」と言い合える仲間がいることで、より散歩を楽しめるように思います。

◉良いと思ったことを伝えたい、知らせたいをずっーと続けたい

今年（2023年）の7月に、コミュニティ型シェアハウス「みとりえ那須」で善家裕子さんのお話会があり、彼女と出会いました。善家さんは現在「ここがあるから安心できる」をモットーにしたデイサービス「かあさんの家」（東京都武蔵村山市）を運営されている方で、その前は武蔵村山市議を4期16年勤めた方です。現在82歳にして、「かあさんの家」で、利用者の食事づくりを担当しています。

バイタリティにあふれ、市議として政治にかかわった経験から得たこと、介護する・されるということ等、もっと彼女を広く知ってほしい、伝えたいと思いました。

そこで、私はこの秋、善家裕子さんのセミナー「しっかり生きて、しっかり死ぬ」を「那須まちづくり広場」交流ホールAで開催、YouTubeにもあげました。彼女には、東京から来ていただき、みとりえ那須の宿泊費もかかったので、参加者からは参加費1000円をいただきましたが、参加者が期待よりも少なくて、赤字でした。次には、集客、宣伝方法を工夫しなければと思いました。が、

一方好きなことをやるには、身銭を切ってもやる必要があると思い至りました。

これは発想の転換です。好きなこと、大切なことのために、身銭を切る覚悟もいるよなあ、と思ったのです。そう思いきると、スッキリとしたいい気分になりました。

これからも、これがやりたいというものが見つかったら、赤字を出さないように工夫しつつも、身銭を切る覚悟でやろうと思います。

いま、私が映像作家を続けていられるのはウーマンズスクールで学んだからです。そのウーマンズスクールは小西さん、駒尺さんが身銭を切って開講したものでした。その受けたバトンをどう次に渡せるか。これは大きな課題です。

そして私は、このお気に入りの自宅で最期を迎えたい。最期は、自宅の白い壁でお気に入りのドキュメンタリー作品を見ながら……。

（２０２３年10月13日談）

プライベートを大事にしつつ、助け合いのできる環境
〈夫婦で入居のケース〉——伊東昌子さん（1944年生）・伊東紅一さん（1947年生）

◉ピンときた高齢者住宅は那須にありました

伊東昌子（以下　昌）　70歳を超えたのをきっかけにして、高齢者住宅の情報を探すようになりました。入居を真剣に考えていたわけではないのですが、もともと私は住宅に興味があり、不動産広告を見るのが好きでした。新聞のチラシの間取り図も見てはあれこれ想像するのも好きでした。ここに来る前に住んでいた家も私が見つけてきて、二人で決めた家でした。不動産についてはどちらかというと、私に主導権があります。

伊東紅一（以下　紅）　そうですね。彼女は昔から家を見るのが好きでした。僕が仕事に札幌へ行くことになった時には、「ついでに見てきてね」といわれまして、サ高住（サービス付き高齢者向け住宅）を3つ見学してきました。その頃やっとサ高住という言葉を知りました。

札幌市内にあるものが2つと郊外のものを1つ見学しました。彼女から言われたポイント、「価格、立地、居室」などをチェックしました。札幌も市内のものは東京都内と同じぐらいの価格で高いと思いました。

昌　それまでも二人で、都内と千葉のほうの高齢者住宅をいくつか見学しました。有料老人ホーム

とサービス付き高齢者向け住宅の違いもわからなかった頃です。でもどこもピンと来るところはありませんでした。

だいたいどこでもですが、対応はとっても丁寧、というか、下にも置かないという態度の接客をするところがほとんどです。ホテルなどはそのような態度の接客でもよいでしょうけれど、実際に高齢期の住まいとしてはいかがでしょうか。一生あんな態度でいられたら、息がつまってしまうと思いました。

紅　態度は丁寧で、ニコニコしてはいるのですが、肝心なことの説明が不十分でした。たとえば医療との連携についてとか、介護が必要になった時についてとか、契約はあるのかなど質問するのですが、はっきりした答えが返ってこないのです。「大丈夫です」というだけで、ニコニコと愛想はいいのですが。

昌　私は小西綾さん、駒尺喜美さん（63ページ参照）のお名前は存じ上げていたので、伊豆の「ライフハウス友だち村」（２００２年開設の高齢者向け住宅。現在は長谷工シニアウェルデザインが運営し「ブランシエール友だち村」という）にも行きました。

素敵な外観で、スタッフの方の態度も対等で自然体で感じが良かったのですが、私たちは都会生まれの都会育ちで、あの頃、地方に住むイメージはまったく持てなかったです。

そこから、（一社）コミュニティネットワーク協会の紹介で都内の「ゆいま～る」シリーズも見学しました。スタッフの対応はどこも気持ちが良く、いつか入居するならこういうところにと思いました。年齢的には十分に入居資格があったのですが、まだまだ先だと思っていました。

そんな勉強気分でいたのですが、「ライフハウス友だち村」や「ゆいま〜る」シリーズを手掛けた方たちが新しい計画を進めていることを知り、東京の「人生100年・まちづくりの会」に参加してみました。すると、その会の雰囲気がとてもよかった。「自由にものがいえる」雰囲気を感じました。いま思うと、フレンドリーなだけでなく、見上げるのでもなく、見下すのでもなく、対等の雰囲気が心地よかったのだと思います。

長い高齢期を過ごす住まいの選択ですから、当然慎重になっていたのですが、ここならやっていけそうと感じ、入居するなら「ひろばの家・那須1」へと前向きにはなりました。ですが、やはり入居はまだ先と考えていました。

実は私には還暦をすぎてから、出会った趣味「ジャズボーカル」という楽しみがあって、親しいお仲間もいましたので、高齢者住宅への入居はまだまだという感じでした。

紅　うらやましいくらいに夢中でしたね。病気になる前は週3日も4日も歌いに夜、出かけていました。それに触発されて僕も10年くらい前になりますが、ギターを習い始めました。

◉入居への転機

昌　私は、もともと体力はないのですが、緑内障以外に大きな病気をしたこともないので、意外に丈夫だと妙な自信がありました。それで高齢者住宅を探して、入るなら「ひろばの家・那須1」と目星はつけたのですが、入居はまだ数年先と考えていました。

その入居検討に本気でスイッチが入ることになるのは、私の骨折からの病気で老々介護を経験したことが大きなきっかけでした。
2021年の12月に外出先で、人にぶつかり、転倒したはずみで骨折してしまい、一時期車いす生活になりました。家事が一切できなくなり、すべてが紅一さんの負担になってしまいました。さらにそこから回復しつつあった時に、「ノロウイルス」にかかってしまいました。さらにその時処方された抗生物質の副作用なのか、睡眠障がいになってしまい、ますます体力が落ちました。

紅　傍から見ていると、「免疫力が落ちた」と感じていました。彼女が病気で動けない間は、私が家事を引き受けました。食事作り、後片付け、ごみ捨て、洗濯。洗濯は好きです、成果が見えるので。でも掃除は苦手です。

昌　そのころ住んでいた家は二階家で、リビングは2階にありました。台所も2階だったので、歩けない私のために1階の寝室に食事をトレーで運ばなくてはならない。食事を持って降りてきてくれるときは、彼がバランスを崩さないか心配でした。

紅　たしかに階段ののぼり降りは気を使いましたが、階段には手すりをつけていたので助かりました。これは彼女のファインプレーです。将来に備えて手すりをつけたのです。

昌　骨折を機に次々と体調を崩し、最後は腸閉塞まで患いました。その間家事一切を彼に担ってもらうことになり、部屋の移動にも手を貸してもらうことがありました。病気なので仕方がないのですが、それまで五分五分でやってきていたのが崩れてしまったように感じて卑屈な感じになり、病気もつらかったけれど、そんな状態が精神的にもつらかったです。
また、私は薬を減らしていきたかったのですが、だいたいのお医者様は減らすことには消極的です。いろいろ調べて、薬を減らすことに積極的ではないけれど、「患者の希望であれば、協力します」というお医者様と出会うことができました。また那須に来てからも話し合えるお医者様と出会うことができ、少しずつ薬を減らすことができています。

やっと体調が安定すると、いよいよ高齢者住宅への入居、移住へ気持ちが向きました。当時は近隣の付き合いはなく、友だちは電車に乗って会いに行く人ばかりでした。夫婦二人だけでは、高齢期の暮らしは難しい。いざという時、相談したり、手助けを頼める環境が必要と思い、高齢者住宅に入居する時期が来たと思いました。私は入居するなら「ひろばの家・那須1」と思っていたのですが、彼がどう考えるか、心配でした。というのも彼は私以上に好き嫌いがはっきりしているのです。ですが、彼も「人生100年・まちづくりの会」に参加して前向きになってくれました。

◉入居を決めた「人生100年・まちづくりの会」

紅　彼女が体調を崩していたあいだ、僕が東京の「人生100年・まちづくりの会」に参加していました。渋谷、池袋、半蔵門などの会場に伺いましたが、総じてどこも好印象。それまで見学していたところは、だいたいが表面上の態度は良く、丁寧で、ニコニコしてはいるけれど、こちらの質問にははっきり答えないところもありました。

一方「人生100年・まちづくりの会」で近山さんや佐々木さんは情報をしっかり伝えるし、話し方や態度が自然体で率直で気持ちが良かった。会の雰囲気もネガティブな要素がない。いま考えると情報公開がしっかりできていて対等な姿勢が気持ちよかったのだと思う。その雰囲気が気に入って、住むなら「ひろばの家・那須1」へと僕も思いました。また、同じようにここが良いと思ってくる方たちだから、一緒に住むことができる、よいつきあいができると思ったし、実際そうなっています。

「ひろばの家・那須1」では、「大人の距離感」というか、それぞれの生活を尊重し、日頃はお互いに踏み込まないけれど、いざとなれば助け合える感じがいいですね。

◉入居後の生活

昌　「ひろばの家・那須1」への入居を決め、早めに契約まで進んだので、居室の自由設計にも間に合いました。私たちは、共用のリビングを持つ間取りにしました。二人の温度の感じ方がまったく違うので、寝室は分けました。

紅　入居後、僕は畑づくりに参加し、自主防災の会の会長を引き受けました。防災用具の補助金について、役場と交渉したりもしています。畑はまったく初めてで経験のあるメンバーに教えてもらいながらやっています。

また、「ひろばの家・那須1」の隣にできた、コミュニティ型シェアハウス「みとりえ那須」で週末やっているコナカラ食堂は大きな楽しみであり、僕のナイトライフに彩りを与えてくれています。「みとりえ那須」の山田穣さんが料理の腕をふるうコナカラ食堂は、ときには居酒屋、ときにはレスランとしてこだわりのメニューを提供してくれています。自宅から歩いて飲みに行き、歩いて帰れる立地条件は、人生初めてのことです。参加される方はほぼ常連の方で、楽しくて、ほぼ毎回参加しています。地元の方ともここで知り合うこともできました。出してくれる食事も優しい味付けでおいしいです。

「ひろばの家・那須1」へ入居して、久しぶりに新たにつきあえる大人の人たちとの出会いがあり、それも楽しいです。

昌 コナカラ食堂には、私は体調の変化があるので、毎回は参加できないけれど、時々参加しています。本当に楽しいです。

那須に来て残念なのは、体調がなかなかもどらないことです。もっと元気になると思っていましたが、食欲が戻らないし、体重も増えないことが歯がゆいです。友人にも腸閉塞をした方が2人いて、聞いてみると、一人は体調が戻らないと言っていましたが、もう一人は2～3年かかったが回復してきたとのこと。私も回復をあせらず、アリが這うように少しずつ回復していきたいと思っています。

それでも月に2～3回は、ジャズボーカルを歌いに宇都宮に行きます。疲れますが、歌っている時は元気が出ます。12月の「那須まちづくり広場」で開催される「音楽の時間」では、私にも声がかかり歌わせていただく予定です。コナカラ食堂でもクリスマス会があり、歌わせていただきます。

紅 そうです。彼女は疲れてすぐ横になったりするのですが、歌っている時は元気なのです。僕もギターを練習して12月に備えます。

昌 「ひろばの家・那須1」が那須にあるから那須に来ました、という感じです。夫婦二人とも東京生まれの東京育ちで、初の田舎暮らしです。いままでは自然に関してもまったく関心がなかったのですが、那須に来て、近くを散歩するだけでも、次々に咲く花や、緑の色の日々の変化に目がいくようになりました。稲が植えられて、育ち、稲穂ができ、刈り入れされるところまでの経過を初めてずーっと見ることができました。自然はすごいなと感じています。

紅　高校時代からの友人6～7人で毎月蕎麦屋での集まりを続けてきています。青春を過ごした東京都中野区杉並区の蕎麦屋を次々と制覇していたのですが、最近は面倒になり、中野の蕎麦屋一軒に固定されました。その友人たちに那須への移住のことを話したら、すごく驚いていましたね。その仲間が別々にですが、3人見学に来ました。納得したようです。

昌　体力回復を第一に暮らしています。いろいろな集まりにあまり参加できないのですが、それでもいろんな集まりによく声をかけてくださいます。参加できなくても、マイペースで過ごせる雰囲気があります。「大人の距離」が当たり前にあるのがありがたいです。

プライベートは守られて、しかも歩いて行けるところにカフェやマルシェ、ホールがあって、住んでいる方だけでなく地域の方々、遠来の来訪者も普通にいる。こんなところは日本のどこにもない、素敵な場所です。ここに暮らせてよかったです。

（2023年11月25日談）

移住後にやりたかった畑作りを共同で始めた

〈子どもの介護後の夫婦での入居のケース〉

――羽深雅由美さん（1962年生）、羽深敏人さん（1954年生）

◉移住を考えたきっかけ

羽深敏人（以後　敏）　2011年に筋ジストロフィーの子どもを亡くした後、ある程度身の回りの整理が済むと、その後の生活について考えるようになりました。

子どももおらず、近くに住む親戚もなく、今後このまま夫婦二人で生活していくと、最終的にこの家は空き家になる。その頃には兄弟も同じような状況で、そうなると、地域の人たちや甥や姪に面倒をかけることになりそうで、そういう事態はできれば避けたいと思っていました。

ちょうどその頃、国の政策に「地方創生」が掲げられ、マスコミを通じて内容を見聞きすることがありました。その中に、米国などでは、高齢者が健康なうちに入居し、終身で過ごすことが可能な生活共同体ＣＣＲＣ（Continuing Care Retirement Community）というものが運営されていて、それを日本でも実現しようという内容があり、おもしろいと思いました。インターネットでＣＣＲＣについて調べるうちに、日本国内でもすでに同じ理念で運営されている場所がいくつかあることが分かりました。そのうちの一つが「ゆいま～る那須」で、2015年の9月に、見学に行きました。緩やかな斜面に木造の住宅が何軒かづつリング状に並び、その間を通る道の両脇には木々が並び、将来、こんなところに移り住んで一生を過ごせたらいいなあと思いました。その時私は61歳でした。

羽深雅由美（以後　雅）　夫より8歳年下で、「ゆいま～る那須」を見学に行ったときは、53歳でした。老後のことをそれほど差し迫って考えてはいませんでした。なんでいまから高齢者住宅？　という思いもありましたが、この年の6月に、14年間家にいてくれた愛犬が亡くなったこともあり、新しいものに目を向けたいと思っていたことも、きっかけになったかもしれません。途中でおしゃれなペンションに宿泊するなど、観光も兼ねて見学に同行したというのが正直なところです。見学時の案内は当時「ゆいま～る那須」のハウス長であった篠崎美砂子さんがしてくださり、夕食時には、入居されている方数名で懇親会をしてくださり、生活の様子などを伺うことができ、有意義な時間を過ごすことができました。宿泊する部屋に戻ると、「ちょうど月下美人が咲いたので、見にいらっしゃいませんか」と声をかけてくださる方もいて、いいところだなあと思いました。

◉成年後見人も家族信託もいまひとつだった

敏　見学した後、「ゆいま～る那須」とは、年に一度か二度、メールで問い合わせをする程度のやり取りをしていましたが、直ちに移住という決断には進みませんでした。

日々、サラリーマン生活が忙しかったのですが、漠然とした老後不安、移住願望、「ゆいま～る那須」での印象、ＣＣＲＣのことなどが常に頭の隅にありました。そして、時々マスコミに関連情報が流れると、それについて調べるような生活をしていました。

老後対策として一歩踏み出したのは、２０１７年でした。そのころ毎日出勤前に聴いていたTBSラジオの「生島ヒロシのおはよう一直線」という番組で、「家族信託」について解説していたのを聴きました。たしか春頃の放送でした。成年後見制度の中の法定後見制度で後見人が選ばれた場合に、本人の意思を尊重するあまり、家族への配慮が欠ける場合が多くあり、使い勝手があまり良くなく、「家族信託」が有効な場合がある、というような内容だったと思います。

それまで、認知症、病気、事故などにより自分に判断能力が無くなった場合に起こる銀行口座の凍結、それよる家族の生活への影響などについて不安はあったものの、具体的にどうしてよいかわからずに何もできずにいたのですが、「家族信託」というものの存在を知り、家族信託についての本を買うなどして調べました。さらに、実際に何をしたらいいか、司法書士、弁護士に相談をしました。

いろいろ検討した結果、家族信託を利用するには、まず、対応してくれる銀行が必要で、対象となる財産を家族信託用に登記し直す必要があるなど、ハードルが高いという印象を持ちました。最終的には、弁護士事務所と相談し、自分の意思をきちんと盛り込んだ任意後見契約書を公正証書にすることで、法定後見の弊害を回避することにしました。作成した任意後見契約の特徴としては、夫が判断能力をなくしたら、まず妻が任意後見人になり、さらに妻が判断能力をなくしたら、最終的には弁護士が後見人になるというものです。夫と妻が逆の場合にも同様です。また、自分が判断能力をなくした場合でも、家族の生活を守るために財産を使う意思があることを明確にしたことです。任意後見契約書とともに遺言書も公正証書にしましたが、全て終わるのに、２０１８年までかかりました。

一連の作業で意外に思ったのは、弁護士と相談しながら作成した公正証書案がそのまま公正証書になるのではなく、再度公証役場で公証人が全て書き直すことでした。このとき、公証人の考え方により、原案が大きく修正され、盛り込みたい内容が損なわれることがしばしばあり、弁護士と公証人の間で議論になることが多々あったことです。公証役場はどこに依頼してもいいようなので、事前に依頼する公証役場をどこにするか、弁護士とよく相談する必要があると、このとき思いました。

任意後見契約とは別に、自分に判断能力がない期間を無用に伸ばさないことも重要と考えて、日本尊厳死協会に問い合わせもしていました。尊厳死の公正証書の作成、尊厳死協会への入会と書類作成などは一定の効果はあるものの、法的拘束力はなく決定的ではないという印象を持ちました。

２０１７年には、三菱総研の松田智生さん著の『日本版ＣＣＲＣがわかる本』という本（法研）が出版され、買って読みました。日本全国のＣＣＲＣの要素を持つ施設が紹介され、高齢になっても様々なライフスタイルがとり得るものだと、明るい気分になったことを思い出します。その後もＣＣＲＣというキーワードには敏感でいたと思いますが、松田さんの本以降、全国に同様のコミュニティが広がったようには見えませんでした。以前住んでいた群馬県でも、前橋市や玉村町で、自治体の事業として「ＣＣＲＣ」というキーワードを冠したプロジェクトを起こしてはいましたが、どれも途中で立ち消えになってしまいました。結局、「ＣＣＲＣ」という言葉が持ち込まれる以前から同様の事業を進めていたところが、その後も地道に活動していたように思えます。

その後、2019年の夏ごろに、偶然、「ゆいま～る那須」の近くに、「ゆいま～る那須」の入居者を中心に運営されている「那須まちづくり広場」という、廃校を利用した施設があることを知りました。その後、主にfacebook上でその活動内容を見て、投稿に対して盛んにコメントをしています。シュタイナーの十二感覚についての本の読書会、避難所運営ゲーム、酒造りなど、その時の自分の生活では経験することのない、さまざまなイベント、講座などが企画されていて、楽しそうなところだなあと思いました。同じ時期に、近山さん、佐々木さん、櫛引さんの著書『どこで、誰と、どう暮らす?』を図書館で借りて読んでいて、近山さんが著書の中で、「とりあえず決めてみる」とおっしゃっていることになるほどと思いました。それら一連のことが背中を押したのかも知れませんが、9月には、「ゆいま～る那須」を別荘代わりに使える「ゆいま～る那須倶楽部」というサービスに加入しています。いま振り返ると、この時期に、「那須まちづくり広場」での活動を念頭に置いた生活を思い描いて、将来那須への移住することを決めたように思います。

◉「おむつ外し学会」に参加する

敏　「ゆいま～る那須倶楽部」の契約後、最初の利用は、2019年の10月12日から14日を予定していました。この時、シュタイナーの読書会が企画されていて、これに参加したいと思っていました。しかし残念なことに、ちょうど台風19号が来ていて、断念しました。2回目の利用は、11月15日から17日でした。このときは、第10回おむつ外し学会が広場で開催され、これに参加しました。これは、高齢者におむつをして寝たきりにするのではなく、自分の力で排泄できるようにケアする、より人間らしい介護を実現するという考え方のもと、意を同じくする各界の人々が集まり、日ごろの活動を紹介するという､学会でした。その時は特に介護に関わる生活をしてはいなかったのですが、要介護の子どもを育てていた経験もあり、感じるところがあり、思わず参加してしまいました。

雅　「おむつ外し学会」は想像以上におもしろかったです。介護ってこんなに幅があるものなのかと思いました。講師、報告者の皆さんそれぞれに自分の世界があって、それを持って介護もやる、という姿勢が感じられました。演劇や紙芝居の方がおられたり、介護のテクニックの話というより、文化活動のイメージでした。とはいえ、参加されている方々は、介護の専門職の方がほとんどで、私たちは場違いなところに来たかもしれないとも思いました。結局、懇親会まで参加しました。ますます場違い感満載でしたが、普段だったら絶対に会えないような人達に会えて有意義な時間を過ごすことができました。

敏　「おむつ外し学会」で、生活とリハビリ研究所の三好春樹さんを知り、群馬に帰って、著作を図書館で借りて読んだりもしました。

◉「おむつはずし学会」に参加する動機につながった子どもの介護生活について

・生まれたとき

雅　子どもの名前は要（かなめ）といいます。１９９３年8月24日、予定日の10月9日より、６週間と４日早く、群馬県高崎市内の産婦人科病院で生まれました。体重は、１９１０gで未熟児でした。その日のうちに高崎市内の国立病院に転院になりました。その次の日に、現在の渋川市にある県立小児医療センターの未熟児病棟に再転院になりました。理由は、呼吸が弱いからということでした。出産直後の数日の経過は私は産婦人科に入院していたので、後で夫から聞きました。

・未熟児病棟

雅　要が未熟児病棟にいる間、冷凍した母乳を夫が会社に行く途中で届けるという生活を約2カ月続けた後、10月21日に県立小児医療センターを退院しました。退院の数日前に、初めて見る神経内科の先生から、要が、おそらく先天性の筋ジストロフィー症で自分の足で歩けるようにはならないこと、寿命がおそらく18年程度だろうということを聞かされました。それまで、ただの未熟児でようやく普通の育児ができるとホッとしていた矢先だったので、夫と二人愕然としました。病名を告げられ、頭の中が真っ白になり診察室を出たとき、未熟児病棟の看護師長さんが、「こういう子は、大事に育ててくれる親を選んで生まれてくるのだから、あなたは選ばれたのよ」とささやくのを聞き、選ばれたくなかったと思う一方で、救われた気もしました。病院からの帰り道、夫と二人、車の中で涙が止まりませんでした。

・育児（経管栄養以前）

雅　病名を告げられてから、要が退院するまでの数日間、あらかじめ買っておいたおもちゃなどを眺めながら、もんもんとした日々を過ごしましたが、退院した直後から、授乳、おむつ替え、泣き声の目まぐるしい育児の日々が始まり、病気のことをしばし忘れるほどでした。

　リハビリのため、桐生市の両毛整枝療護園に通い、要は歩くことが出来なかったので、近くの保育園や幼稚園にいくことはできず、自宅の玉村町から25㎞ほど離れた大間々町の「希望の家」という通所施設に毎日通っていました。小学校は、最初、桐生市のあさひ養護学校に通っていました。医者のなかには、「言葉を話すようになるのは難しいかもしれない」という人もいました。でも別の医者が「話しかけ続けることが大事、なるべく話しかけてあげてください」と言ってくれました。ですから、私はできる限り1日中話しかけを続けました。息子は、最初は「あー」とか「うー」とかいうだけです。何度も何度も「あー、うー」と繰り返し言い続けるので「あーと、うーの間は、いーだよ。あーいーうー、あーいーうー」と何回も言い続けていると「あーいーうー」と声を出すようになり、それがうれしくて、一日中、話しかけ続けました。また、ドライブ中の坂道では「3、2、1、ジェットコースター、きゃーっ」と言いながら走ったり、雨が降ると「雨だーっ」と叫びながら走ったりしました。家に帰ってからも、遊び感覚で話し続け、歌って、踊ってと一日終わるとグッタリの毎日でした。

・経管栄養以降

雅　小学校1年生までは、ものを食べたり飲んだりできたのですが、2年生の途中から喉の筋力が弱まり、うまくものを飲みこめなくなり、入退院を繰り返した後、経管栄養になりました。経管栄養になってからの初の自宅での外泊は、マニュアル通りに処置しましたが、やることが多くて大変で、このままでは死ぬかと思いました。

病院に要を連れて戻った時「とても無理です」と伝えると、「看護師は3交代でやっているのだから、あなた一人では到底無理なのは当然。多少手を抜いても大丈夫、指示の時間から多少ずれても大丈夫だから」と言われました。「もう、早く言ってよ」って心の中で叫びました。

経管栄養になり、学校も、肢体不自由児向けのあさひ養護学校から病弱児向けの赤城養護学校の訪問学級に転校になり、入院の回数も日数も次第に増えて行きました。毎日夜、面会を終えて要のベッドから立ち去るときに、寝かしつけてから帰らないと、「帰らないで」と泣き叫ぶので苦労しました。それでも中学生になったある日、帰り際、寝かしつけることができずに帰ろうとしたときに「パパ、ママ、バイバイ」と笑顔で言ってくれ、救われた気持ちになりました。

入院中のある日のこと看護師さんが「かな君には、泣かされました」と言ってきました。帰りがけに要が、「おつかれさま、気をつけてね」と声をかけたそうです。「そんなこと言ってくれる人はいません。泣かされました」と教えてくれました。また、「かな君に癒されてから帰ろう」と帰るときに立ち寄っていくドクターもいました。その後呼吸器がつき、チューブも鼻から胃と腸の2本になり、やることは少しずつ増えていきました。でも、少しずつ増えていったので、それほど、大変なことだとは思わずに、医療処置もできたのだと思います。

養護学校の担任の先生は、何をしたら、要を楽しませることができるか、何をしたらよいのかをよく考えてくれていました

ひらがなの練習用に用意したカードに毎日こつこつ一文字ずつ書き続けて、「はぶかかなめ」と

自分の名前を書けるようになりました。

スクーリングでたまに学校に行くと、子どもたちがすごく喜んで迎えてくれました。「かなめ先輩」と特に慕ってくれる子は「重度で頑張っているかなめ先輩を見ると勇気がもらえる」と言ってくれました。要宛の手紙を書いて、担任の先生に預けてくれたこともありました。手紙には「朝起きるのがつらい時、かなめ先輩のことを思って頑張ろうと思います」なんて書いてありました。その子はお葬式にも来てくれました。子どもたちには壁はないのですね。

・家での生活

雅　医療的ケアが必要になってからも、どこにでも出かけていきました。ディズニーランドにも連れて行きました。呼吸器もつけているから、すごい大荷物です。ディズニーランドのホテルスタッフが荷物の乗せ下ろしのお手伝いを申し出てくれましたが、荷物の乗せ下ろしには順番があるので、申し出に感謝しつつ自分たちですることにしました。

自宅では、訪問看護が来るようになりました。私は、要は重度ではないと思っていましたから「うちって重度ではないよね」というと看護師さんは「なにを言っているのですか、お母さん、誰が見ても、かな君はりっぱな重度ですよ」と言われてしまいました。私たちは、病院でもっと重度の子どもたちをたくさん見て知っていました。そして、ずっと要を見てきているので、重度とは思っていませんでした。病院から出る機会があるだけでも重度ではないと思い込んでいました。その後は、だんだんと医療処置が増え、入院の機会も増えていきました。

デイサービスの入浴に通うのが難しいことから、高齢者用の移動入浴を利用して、自宅で週３回入浴していました。高齢者が入浴する空き時間にプランを入れてもらいました。途中で使用料が実費になったりしましたが、役場と交渉して、一部負担金での利用が可能になりました。

ヘルパーさんにも来てもらっていましたが、介護ヘルパーは吸引などの医療的ケアができない時代でしたから、してもらえることはほとんどありませんでした。それでも日中の話し相手がいませんでしたから、来てもらうとありがたかったです。

要が亡くなった頃の体重は、やっと17kgで軽かったです。

要が亡くなり、ヘルパーさんも来なくなり、昼間に話し相手がいなくなりました。犬も飼っていたのですが、要が亡くなって4年後に亡くなってしまいました。新しいペットを飼うまでには時間が必要でした。それまで隣近所とはほとんど付き合いをしてきていないので、改めて付き合い始めるタイミングもエネルギーも、その時の自分にはありませんでした。

敏　自分は、サラリーマン生活だったので、土日を除き、介護は妻に依存することが多かったと思います。特に経管栄養のチューブ交換などはほとんどできませんでした。ただ、夜中の寝返り介助はできるだけするようにしていました。また、一時期、うんちが固く、排便困難になったとき、摘便はよくやりました。妻も自分も疲労が重なると、月に一度程度、交代で、妻は友だちと買い物に、私は温泉で一日昼寝をして解消していました。

要がものを食べることが出来なくなった後、親二人は、要に隠れて食事をすることになり、毎回「たべさせて」と泣く要の声を聴きながらこっそり食事をするのはつらかったです。

◉移住前から「まちづくり広場」での活動に参加

敏 「おむつ外し学会」以降、途中、新型コロナの流行拡大した時期を除き、大体、月に1回の割合で、「ゆいま～る那須倶楽部」を利用していました。「ゆいま～る那須倶楽部」は2021年の春まで利用して、その後は「那須まちづくり広場」に近い宿を利用していました。2021年の11月からは、「那須まちづくり広場」に「あさひのお宿」が開業し、「まちづくり広場」のイベントに参加するのに便利になり、月に2回来ることもありました。

雅 「まちづくり広場」では、主に「人生100年・まちづくりの会」に参加していました。ちょうど、広場全体のリニューアル計画が始まり、それに関わるいろいろな人たちとの交流が毎回楽しみでした。「ゆいま～る那須」での宿泊では、新型コロナがまだそれほど拡大していない時期に、毎週土曜日に開催される、食堂での居酒屋にも参加させて頂き、入居者の皆さんや「まちづくり広場」に関わるみなさんと交流することができ、楽しい思い出をつくることができました。

敏 「おむつ外し学会」の後は、シュタイナーの読書会に参加しました。シュタイナーの専門家の先生の指導の下で行われた、『人智学講座　魂の扉・十二感覚』(アルバート・ズスマン著、イザラ書房)という本の読書会でした。2回参加しただけで、中断になってしまいましたが、本も購入したので、その後最後まで読みました。難しい本でしたが、一つだけ、自分の腑に落ちた部分がありました。それは、人間は触ることで自我を確立する、ということでした。幼少の頃に触れるものが、その後の自我の発達に影響するということなので、おもちゃにしても、プラスチックや金属性のものか、自然由来の木でできたものか、柔らかいものか、硬いものか、よく考えて与える必要があると思いました。どれが良いということよりも、いろいろなものにバランスよく触れることが大事と自分では解釈しています。

雅　シュタイナー読書会は中断になってしまいましたが、そこに参加していた皆さんが、「地域デザインワークショップ」というグループに所属しておられて、その後もそこでの活動に継続して参加するようになりました。バイオトイレの試作、畑づくり、ビオトープの勉強など、いろいろありました。畑づくりは、グラウンドの東側、リニューアル前の「カフェここ」の前で行っていました。畑の横では、「カフェここ」で出る生ゴミを堆肥にして肥料に使っていました。あるとき、堆肥にかぶせていたビニールをめくったら、中から蛇が出て来たことがあり驚きました。「眠っているところごめんなさい」と言いながら、慌ててビニールを戻しました。

畑は小さな畝が二つで、ジャガイモ、かぼちゃなどを植えていました。ジャガイモができたときには、すぐに「カフェここ」でゆでてもらい、みんなで食べました。みんなその美味しさに驚きました。その後、「地域デザインワークショップ」は、「グランドデザイン部会」に変わり、子ども向けの自然観察会や裏山の整備などに参加し、移住後も継続しています。

◉「まちづくり広場」に住むことになったきっかけ

敏　２０１９年12月に、「まちづくり広場」が提案する企画が国土交通省の「人生１００年時代を支える住まい環境整備モデル事業」に選定され、広場全体の改修計画がスタートしました。その事業とは別に、元気型の高齢者住宅の企画も並行して進められました。

当初は、将来「ゆいま～る那須」に住みたいと思っていたので、これらの企画も自分のこととしてではなく、将来の活動の場として捉えていたため、毎月開催される、「人生１００年・まちづくりの会」もそういう立場で参加していました。元気型高齢者住宅の間取り検討が始まったとき、近山さんほか広場関係者の皆さんが、「実際に住む人が考える間取りは設計士が考えるものより住みやすいから、実際に住まなくてもいいから間取りを提案してください」とおっしゃるので、遊び半分に間取り検討を始めたのが正直なところです。

その後、だいぶ経ってから、「ゆいま～る那須」（11ページ参照）の家賃の体系が変わり、自分たち夫婦には住めないことがわかり、そのため、目標を広場での自立の方向けサービス付高齢者向け住宅に変更し、それまで遊び半分で考えていた間取り検討が急に本気モードに変わりました。このため最初から間取り検討の仲間に入れてくださった広場の皆さんには感謝しています。「ゆいま～る那須」については、家賃システムの変更は残念なことでしたが、もし家賃の改定がもっと早く行われていれば、おそらく那須に来ようとすることも無かったと思うので、「ゆいま～る那須倶楽部」への加入とそれを利用して那須に通えたことは、いまでは良かったと思っています。

間取り検討は、元住んでいた家を作るときよりも相当気合が入っていました。提供された1枚の平面図だけではイメージがつかみにくいため、それをパソコン上で1メートルの方眼紙に張り付けて、実際に置く家具の寸法をあてはめて、パズルのような試行錯誤を繰り返しました。飼っていた犬のケージ、仏壇、食器棚、窓の位置と大きさなど、精密に寸法確認をしました。

寒さ暑さ対策では、オプションを三つ取り入れました。一つは床の下にカネカシートという蓄熱シートを敷きました。これは床の温度をなるべく25度付近に固定しようと働く素材です。氷の温度が0度付近に固定されるのと同じ原理です。二つ目は、熱交換換気扇です。通常のトイレ風呂、IH用の排気専用換気扇の他に、排気と吸気を70秒ごとに交代して行う換気扇を部屋の北側と南側に一対つけています。これは部屋の温度を現状に維持しながら、換気を行うシステムです。このため、部屋に標準でついている吸い込み用の換気口は塞いでいます。三つ目は、天井に付けたシーリングファンです。冬には窓で冷やされた空気で床面の温度がどうしても下がってしまうので、シーリングファンを上向きで動かすと、これがサーキュレータとして働き、床の温度の低下を防ぎます。

雅　間取り検討は、最初のうちは夫に任せきりであまり口を出しませんでしたが、途中から、いろいろ気になりだしました。キッチンの通路の幅、壁に置く冷蔵庫、食器棚、ボードの順番、高さ、コンセントの位置、フチなしトイレにし、洗面台の鏡は片開きにする、など、細かい注文をだいぶ付けました。おかげで、完成した部屋は、細かいところを除きほぼ希望通りになり、満足しています。

敏　設計士さんとの相談では、会話だけだと、お互いの頭に描くイメージがずれていて、後で認識に違いがあったとわかることがしばしばありました。最終的にはこちらの希望を伝える際に、できるだけ絵に描いて相談し、そうした誤解が発生しないように気を付けました。

◉「ひろばの家・那須1」に入居した感想

敏　一年のうちで一番寒い1月31日に引っ越しました。最初の感想は、部屋の中が暖かいということでした。元の家は、居間が吹き抜けになっていて、冬はエアコンと石油ストーブを使っても、床は寒く、寝るときも蒲団の他に毛布も掛けていましたが、「ひろばの家・那須1」では、エアコンだけで十分で、寝るときも、オールシーズンの蒲団一枚で寒くありません。寒がりなほうなのでホッとしています。

雅　飼っている犬は1・5kgの超小型犬で寒さにも弱いので、犬のケージ付近の温度が20度より下がらないようにしています。エアコンの温度設定は22度で、床付近は21度程度に保たれ、良好です。窓の結露は予想より多く、毎朝雑巾で拭いています。当初、窓枠はプラスチックの予定でしたが、建材のコストアップで、金属に変わったので仕方がないのかも知れません。

敏　予想外で困ったことは、雨水の排水の問題です。那須の特徴かどうかわかりませんが、ゲリラ豪雨が非常に多く、そのたびに、雨どいから水が溢れ、地面が田んぼ状態になり、中々排水されないことが分かりました。「ひろばの家・那須1」の運営の皆さんと相談し、雨どいの強化などをして頂きましたが、地面の排水については、自分にできることとして、溝を掘って対策をしています。今後、広場の運営のみなさんと相談しながら、庭造りなど景観にも配慮しながら、良くしていければと思っています（学校の校庭だったところなので排水が悪いため、2024年7月より「土中環境改善による「里山環境再生」を目指し有機土木工事を行っている）。

◉協働の野菜づくり

敏　移住したらぜひやりたいと思っていたことが、畑づくりでした。当初は狭い範囲で自宅用に野菜作りが出来れば食材代が浮くので助かると思っていたのですが、「グランドデザイン部会」で畑づくりをやることになり、現在約200平方メートルの畑を数人で運営しています。2023年5月から始めて、まず、ナス、キュウリ、ミニトマトなどの夏野菜をつくりました。その後、サトイモ、インゲン、ネギ、ダイコン、シュンギク、コマツナ、ナバナなどを栽培しています。始めるにあたって、苗や資材を購入するために有志でお金を出し合いました。収穫した野菜は野菜券というシステムをつくり、頒布しています。

野菜券は「10円」と書かれたマス目が50個並んだ紙で、野菜を欲しい人は、まずこの野菜券を500円で購入し、自分で畑から収穫し、決められた価格のガイドラインに従って、野菜券の「10円」のマス目を塗りつぶし、全部塗りつぶしたら、新たな野菜券を購入するしくみです。有効期限はなく、正しく塗りつぶしているかどうかは誰もチェックをしません。野菜の価格は、次年度の苗代が確保できるように、市場価格の2から3分の1に設定しています。野菜券は畑づくりをしている人も使用しています。最初に有志で集めた資金は、何年かかけて出資者に返金し、その後は売上金だけで運用したいと思っています。

野菜券のシステムは、ある農家さんの活動を参考にしています。その農家さんは自分の畑で栽培した野菜を付近に住む人達に自由に収穫してもらい、収穫した人の気持ちに見合った金額を置いていってもらう、という運用をしておられるとのことです。同様なシステムを小銭を介在させずに実現しようとしたのが野菜券システムです。

畑での野菜作りを始めて半年になり、課題も見えてきました。まず、いっしょに畑をやる人が少ないことです。個人で畑を借りて野菜作りをする人はおられますが、共同の畑をやろうとする人が少なく、今後の運営をどう持続していくか、大きな課題です。また、野菜を欲しい人が収穫する前提ですが、自分で収穫できない人が多いことが分かりました。最大の原因は夏に猛威を振るうブヨです。新たに広場で生活を始めた人は都会出身の人が多く、ブヨに食われるという経験がない人が多く、広場でブヨに食われて、熱が出て医者にかかる人もおられます。夏の畑にはブヨがたくさんいますので、一度ブヨに食われると、なかなか畑に近づけないようです。

住民による収穫が進まないため、運用チームで収穫し、広場の食事を提供しているワーカーズコープに納品し買っていただくことができました。価格は野菜券利用者と同じです。ワーカーズコープは、介護の方向けサービス付高齢者向け住宅「ひろばの家・那須２」への食事提供も担っていて、食事のコスト低減が課題となっており、グランドデザインの畑も将来これに寄与する目標はありましたが、思いがけず初年度から寄与できました。２年目に向けて、今後も持続できるように野菜づくりと野菜券のシステムを微調整する必要があります。

畑での野菜作りは共同作業ですが、実のところ自分自身は一人でなにかしている方が好きな性分で、これからなるべくそういう時間を増やせるようにしたいと思っています。楽器をいじったり、絵をかいたり、本を読んだり、いろいろやりたいことがあります。

雅　夫同様、畑の野菜づくりの比重が高いです。力仕事は男性にお願いしますが、収穫した野菜をワーカーズコープに納品する前の仕分けや、農作業で泥だらけになった衣類の洗濯など、仕事は山ほどあります。農家の嫁になったかと言われることもあります。

ミシンを使って愛犬ありすの洋服を縫ったり、毛糸でなにかつくったりしたいのですが、引っ越し荷物も片付かず、野菜作りに忙しく、なかなかできないのが悩みの種です。まずは、できるだけ早く引っ越し荷物を片付けて、趣味ができるスペースを作りたいと思います。

「ひろばの家・那須1」に入居する前に、「那須まちづくり広場」に通ってきているときには、その時に開催されるイベントには全て参加していました。入居後は、毎日気になるイベントがたくさんあり、全てに出ていると、家のことがまったくできなくなることに気が付きました。最近は、なるべく選んで参加するように心がけています。

「那須まちづくり広場」には、障がいを持つお子さんが通う「いちばんぼし」があり、散歩をするのをよく見かけます。昔こどもが使っていたおもちゃや絵本などを引き受けてもらいました。これからもできるだけ協力していきたいと思います。

「グランドデザイン部会」のイベントの「生き物観察会」は楽しみのひとつです。子どもたちがビオトープの虫たちや、生き物マンションのカブトムシの幼虫にびっくりする顔を見ると心がほっこりします。

◉子どもたちのための裏山の整備

敏　「グランドデザイン部会」で子どもたちのための裏山の整備をしていて、それに参加しています。2020年の秋に、落ち葉を積んで虫たちの住処《すみか》にする生き物マンションをつくりました。また、2023年には、水生生物の住処になるビオトープ池を作りました。年に数回、インタープリターの先生に来ていただき、「生き物観察会」を開催していますが、そのときにこれらの中の生き物を子どもたちと観察しています。

裏山は少しずつ藪を切り開き、こどもたちでも入れるエリアが広がっていますが、これからも続けていきたいと思います。２０２２年の５月に、全国で「冒険遊び場」を推進しておられる天野秀昭さんのご講演があり、子どもが自ら遊び育つことの重要性を説いておられ、腑に落ちる思いをしました。子どもたちが裏山の自然に触れ、それぞれの感性で、遊びを見つけてくれればいいなあと思います。那須まちづくり（株）役員の鏑木孝昭さんの著書『北欧スタイル快適エコ生活のすすめ』（ジェイ・インターナショナル）で、スウェーデンの自然学校「森のムッレ」の活動が紹介されていますが、いまの裏山の活用はこちらに近いかもしれません。いずれにしても、できることから地道にやっていきたいと思っています。

（２０２３年10月30日談）

息子の課題を突きつけられたことをきっかけに夫婦の新しい関係を築けた
〈夫婦で入居のケース〉――岡田陽子さん（1961年生）

◉家族での解決は限界

私の場合ですが、高齢者住宅に興味があったとか、老後に備えてということではないのです。「ひろばの家・那須1」の予約に手を挙げたのは、家族と向き合ってこれからの人生をともに考えるチャンスを手にしたかったのかもしれません。

私には、東京都練馬区に夫と息子と暮らす一軒家の自宅があり、その家をその都度リフォームしていて、高齢期も練馬の家で暮らせるような準備もしていました。ところが、「お金の困らない老後」「老後をおだやかに長生きする」を大きな目標にして暮らしてきた私に一人息子のことで課題が降ってきました。高校を卒業するまでは、不登校もなく順調に学校にいっていた息子でしたが、地方の大学に進学してから、寝られない、食べられない、朝、起きられないと体に不調がでてきました。彼は私や夫と会う時には変わりのない顔を見せていたので、私たちは、なんとかこのまま行ってくれるかなと思っていました。

大学入学後、休学と復学を何度か繰り返す中で、このまま、遠距離での一人暮らしは難しいだろうということになって、息子が暮らしていたアパートも引き払って、東京都練馬区の自宅に戻りました。大学は休学としました。私はフルタイムで子育てに関係する仕事をしてきていたのですが、息子の課題に直面することになったのです。

そんな事情ですから、私は仕事を辞めて彼を見守ることにしました。仕事は責任者をしていたため急に休むことができにくいので、何かあればすぐ息子のそばにいられるようにしたかったのです。ですが、家族だけで向き合う閉塞感と緊張感は厳しいものがありました。解決の糸口は見えない。家族だけで解決することには限界があることを突きつけられたのです。

息子は、小学校から高校まで、東京都三鷹市の明星学園に通いました。明星学園は「個性尊重」、「自主自立」、「自由平等」を教育理念とする私立の学校法人です。彼は映画を年間２００～３００本も観る映画好きです。夫は自分が理系だったこともあり、息子の進路について国立理系の希望があったと思います。息子は砂漠の緑化に興味をもったためか、農学部に進みました。自分で選んできた大学と学部でしたが、どこまでが本人の希望だったかは本人もわからないのではないかと思います。実際に学んでみると、彼の興味とは違ったようです。また、大学の同級生たちは、就活が興味の中心という人が多く、高校まで学んだ明星学園の時のような学生同士で議論ができる環境もなく、孤立してしまったようです。でも教授たちには、70年代の学生みたいだね、などといわれながらも、コミュニケーションがとれていたようです。ですが、次第に食べられず、起きたくても体が動かず起きられない状態で、下宿のアパートから出られなくなり、徐々に自分を追い込んでしまったようです。もうちょっと、いいかげんでいいのにと思いますが、とても真面目なところがあります。

私は以前、彼には自立して自由に生きてほしいと思っていましたが、本格的に家に戻った息子に接してみて「夜になれば寝て、朝になったら起きる。ごはんも食べられるようになってほしい」と思っていました。それでも、そのために具体的に何をしたらいいのかわからない。どうできるのかもわからない。私自身は子育てに関わる仕事をしてきて、仕事で子育てのアドバイスなどしているのに、息子の心配が心をよぎる。いま思うと、私は息子に対して、息子の生きる力を信じることができなくて、心配のあまり過干渉となって彼を束縛してしまっていたのだと思います。

そんな時に、近山恵子さんから、（一社）コミュニティネットワーク協会が手掛ける多摩ニュータウンの団地再生プロジェクトの一つ「コミュニティプレイスあたご」に関わり、団地再生の中で子どもの居場所づくりや子育て支援をしてみないかと提案されました。それも「住み込み」でというのです。住み込みは驚きましたが、再生するのは毎日の暮らしです。団地に住んでみて、多摩ニュータウンの坂の多さやエレベーターのない古い団地の階段の苦労もわかりました。

◉「コミュニティプレイスあたご」に関わり、家族の問題をひらいて、向き合えた

私は、経済的に不安定な家庭環境で育ち、母が離婚したくても経済的な自立をしていないから離婚できなかったと思っていました。それで、女1人でも暮らせるフルタイムの仕事に就くことにこだわり続けていました。保育士の資格をとったのもそのためです。昨年まで働いていた東京都練馬区内の「子育てのひろば」は、育休や家で子育てをしている0歳～3歳までの親子の居場所と遊びの場です。子育てと居場所づくりにはこだわって働いてきました。

練馬の自宅では、近所の方とは挨拶はするものの、ご近所づきあいはほとんどありませんでした。

それでも、それぞれ生き難さを抱えている、自分も含めてですが、自分の問題、家族の問題も自分だけで抱えていても出口がないことも見えていたこともあり、いろんな方たちの居場所づくりに関わりたい、そこから何か見えるかもしれないという期待があり、「コミュニティプレイスあたご」に関わりたいと思いました。「住み込みは無理！」と思いつつ、「コミュニティプレイスあたご」に関わることで、何かつかめるかもとの予感もありました。

「コミュニティプレイスあたご」では、いままで会ったこともない人、接したこともない人たちにたくさん出会いました。

昨年まで働いていた東京都練馬区内の「子育てのひろば」は、育休で休んでいる親子の居場所づくりでしたが、そもそも育休がとれて昼に親子で出て来られるだけで、一定の収入がある階層でした。それでも、育休の期間や、手当の額について、「足りない」「もっと○○してほしい」と言ったりして、それぞれみんな自分のレベルでは豊かとは思っていないのだけれど、食べることに困っているような生活環境ではありません。ウーバーイーツで、ジュースを頼んだり、旅行の話や外食の話に花が咲く、赤ちゃんが生まれて、即、働かないと食べられない世帯ではありませんでした。

一方、「コミュニティプレイスあたご」の周りは、都営住宅で年金生活の高齢者が多く、高齢化率も60％を超えていました。そんな方々も含めての居場所づくりに、私はやりがいや居心地の良さを感じるようにもなりました。

練馬の戸建てに住んで20年。ご近所とは立ち話はしても深い話はできない。私にとっての安心できるコミュニティではありませんでした。それでも仕事を通じて、「子育てのひろば」にもかかわって来て感じることは、毎日の暮らしをなんとか回しているけれど、日々の暮らしにアップアップしている人は、たくさんいるということ、私も含めて。だから、誰でも出入りができて、ほっとくつろげる居場所づくりはやりたいことでした。

夫と息子に相談すると「やりたいことがあるのなら、やってみれば……」と言ってくれました。このことを言い出すのにとても躊躇していたのですが、思い切って話すことで、私の考えを尊重してくれているということを知ることができました。そこで東京都練馬区の自宅を出て、東京都多摩市の多摩ニュータウンの一角で住みながら、「コミュニティプレイスあたご」で働く生活が、2023年1月から始まりました。

「住み込みなんて、無理!」と思っていましたが、やってみたら出来ました。そして、家族から離れて暮らしてみると、自分が息子へ過干渉だったことも見えてきました。そもそも「息子がどのように生きるか」は彼の課題であって、私の課題ではないのだとやっと気づきました。

それから、逆説的ですが、息子に、「『コミュニティプレイスあたご』の仕事が大変なので手伝ってくれないか?」と提案してみました。私が家を出て最初は上手くいっていたのですが、夫と息子の2人の生活は、これまでよりさらに緊張感が高くなり、夫が体調を崩すようになっていました。

2023年5月から息子は週3日、「コミュニティプレイスあたご」で働くことになりました。27歳でお母さんの仕事を手伝いに来る息子って世間的には「?」の疑問がつく。練馬のご近所に知られたら、必ず「どうして?」「なぜ?」と聞かれます。そしたら、私はどのように話そうかと悩みます。説明をすることはとても面倒だなと思ってしまいます。それは「普通、堅実」を目指してきた私にとって、つらい事でもあります。

ですが、「コミュニティプレイスあたご」では、息子が通勤初日の日、愛宕団地の住民であるスタッフに「今日から働きます」と息子が挨拶すると、「コーラでも飲む？」と息子にいうわけです。それだけで私の不安は終わりでした。「コミュニティプレイスあたご」の方たちは何も言わずに息子を受け入れてくれました。緊張をして、初日に来ていた息子もすっと入って行けたと思います。ありがたいなと思いました。

そして彼は私の予想を超えて「コミュニティプレイスあたご」に馴染んでいきました。彼が「コミュニティプレイスあたご」に必要とされる役割を得て動いているのを見ることは、私にとっても新鮮な経験でした。

私は、現在「住み込み」を卒業して、通いで「コミュニティプレイスあたご」に行っています。息子も週3回「コミュニティプレイスあたご」で働いています。年内までは働くことになっていますが、来年はどうするか？　まだ決まっていないようですが、それは彼が決めることです。

◉小西綾さんと「あっ、わかったの会」との出会い

近山さんとは、もう40年来の付き合いになります。知り合ったきっかけは、小西綾さんが紹介されている新聞記事を見て、私が小西綾さんに会いたいと東京都新宿区神楽坂にあった「56番館」を訪ねたことでした。そこで、「56番館」で行われていた小西綾さんを囲んでの勉強会「あっ、わかったの会」に参加することになり、「あっ、わかったの会」のメンバーだった近山さん、佐々木さん、

櫛引さんとも知り合ったのです。

それは、我に返った、というか、自分も人間だと気づかせてもらった体験でした。また客観的に自分を見るチャンスを得たできごとでした（「あっ、わかったの会」や小西綾さんの紹介記事〈1982年9月5日の毎日新聞〉などは『近山恵子・櫛引順子・佐々木敏子著『どこで、誰と、どう暮らす？』〈彩流社、2018年〉を参照）。

東京に上京した20歳の頃から、「あっ、わかったの会」での付き合いは10年近く続きました。私がネフローゼ症候群にかかり、その後、突然、母親を亡くしたこともあり、小西さん、駒尺さんから「うちの子になれば」と声をかけてもらったこともありました。その時は、それが現実のことと受け取れませんでした。お二人は私にとって、大事で大尊敬の方たちでした。いまなら、自分にできる関わり方もあったかと思えるのですが、その時は選択できませんでした。

●お金がなくても海外旅行——いびつな経済環境で育った

最初にお話ししましたが、私は「お金に困らない老後」を目指していたのですが、それは私の育った環境が大いに影響しています。私は、結婚するまで「竹内陽子」として生きてきました。東京に出てくるまでは三重県松阪市の実家にいました。9歳年下の妹がいます。

父親は自動車販売会社でトップセールスだったこともある人でしたが、お金のトラブルで会社を辞め、その後は会社を立ち上げては潰すということを何度も繰り返し、ジェットコースターのような生活でした。

幼い時からお金の苦労をしている両親をみていました。母親が「お金がない」とよく話していたし、そのことで両親はよく言い争いもしていました。そんな時、父は暴力で母を黙らせるというようなことは日常的なことでした。父は私に手を挙げることはありませんが、言葉の暴力は数えきれないほど受けてきました。ですから、自分で働けるようになったら、母を助けたい、暴力をふるう人とは付き合わないということも考えていました。

お金で苦労している両親を見てきていたので、「うちは貧乏」と思っていたのですが、思い起こすと、竹内家では年に1、2回は海外旅行をするのは恒例にしていましたし、子どもの頃、電車はグリーン車しか乗ったことがなかった。つまりは単純に貧乏というようなことではなく、「高度成長期のいびつな経済環境」に育ってしまったということだったと思います。いま思うと大きな借金を抱えているにもかかわらず、お金の使い方は派手で、外目には豊かな生活を演じて暮らしていたと思います。

いつだったか韓国旅行に行ったとき、「手形が落ちない」と連絡が入り、両親は、釜山から日帰りで帰国。私と妹だけでソウルまで行った、ということもありました。そういう時でもトラブルの詳細は子どもである私たちには知らされることはありません。「心配せずに、楽しんできてね」と両親は言います。私たちからもトラブルについて、聞こうという姿勢はありませんでした。内心は不安で仕方がなかったのですが、それ以上話したくない、話せないのだと私は思い、期待通りの物わかりの良い子どもを演じていたのです。

母が亡くなった時に父の負債が1億円にもなる金額だと初めて知ることになりました。父の借金の連帯保証人が母でしたので、母の死と同時に私と妹が母の連帯保証人としての負債を相続することになるのです。母はそのために自己破産の準備をしていたことを遺品整理していた時に知ったのです。あまりの金額に愕然としました。私と妹が働いて返せる金額ではありません。このままではとんでもないことになると知り、急いで私と妹は相続放棄をしました。怖かった。ですから、私にとって相続とは、マイナスのイメージしかありません。父が他界したときも相続の放棄をしました。

私の両親は50、60代と早くに他界しています。

そんなわけで、人生の最大の目標は「老後にお金の心配をしないでよい生活をしたい」になりました。また「トラブルは避ける、堅実な普通の生活」も目指すものとなりました。とはいえ、「普通」の家庭で育っていないので、「普通」とはどんなことかもわかっていませんでした。

◉結婚　竹内陽子から岡田陽子へ

夫とはお見合い結婚ですが、同郷の同級生で安心感がありました。さらにお見合い後に私は難病「ネフローゼ」を発病し入院しました。幸い病状は治癒となりましたが、「ネフローゼ」はいったん治癒した後も、いつ再発するかもしれない病気だと言われ、いつまた働けなくなるかもしれない恐怖を感じました。が、一方で「もう頑張らなくてもいいのだ」とも感じていました。難病になったとき、付き合い始めたばかりの夫はよく支えてくれました。このことが結婚を選ぶ大きな動機になりました。

「お金の心配をしないでいい、老後、トラブルのない堅実な普通の生活」を目指すには、結婚は、世間的にも私的にも「わかりやすい制度」でした。夫は、大手会社のサラリーマンで安定した生活がイメージできました。

ネフローゼが落ち着いてから結婚したのですが、当初、夫の両親（岡田）には反対されました。原因は私の病気のことと、私の実家が外目には金持ち風にしていても実態は、倒産をして破産状態だったということが分かってしまったためです。

それでも岡田の親は、最後は息子の意思に任せるということで、結婚を認めてくれました。あとで知ったのですが、岡田の実家にも、うちの親の金貸しから脅しの電話がかかっていたようです。夫の実家の電話に「恐喝電話は警察に」というシールが貼ってありました。

小西さん、駒尺さんが「うちの子になればよい」といってくれていたことは、聞いてはいましたが、私はその発言に現実味を感じませんでした。真意を受け取れていなかったのです。大きな分かれ道だったと、いまは思います。

小西さん、駒尺さんを選べていれば、自分のやりたいことを考え続けていられたかとも思いますが、当時20代だった私は、家族制度の中で生きづらさを感じていましたが、その枠外で生きる選択をしなかった。普段は感じずに暮らしていますが、家族制度の枠組みは、それほど強固なのだといまは思えます。

２０２３年は「コミュニティプレイスあたご」で居場所づくりのために働きながら、東京での「人生１００年・まちづくりの会」開催の手伝いもして、自立の方向けサービス付き高齢者向け住宅「ひろばの家・那須１」のことも知るようになりました。「那須まちづくり広場」は開設当初から何度も行ったこともある場所でもあり、そこの校庭に「ひろばの家・那須1」をつくるという話は、魅力的だと思えました。

だからでしょうか、居室の予約がはじまった時、佐々木さんから予約だけでもしておいたら？と声をかけてくれた時、思わず手を挙げてしまいました。先々もしキャンセルした場合でもオプション工事代のみの支払いで済むし、また幸い、練馬の家を処分しなくても契約可能な経済状態でありました。

昔、小西さん、駒尺さんの住んでいた伊豆に開設している「ライフハウス友だち村」（132ページ参照）に住むことを選択できなかった私ですが、今度は、何とか住みたいという気持ちもありました。

◉那須へ通いながら、夫との会話を積み重ね、新たな関係を見つけた

「ひろばの家・那須1」を選んだ、選べたことは、定年後の人生を夫と二人で楽しく暮らしていくことについて考える機会を得たと思います。「ひろばの家・那須1」を検討する過程で、自分たちの老後の資金をどこに価値を置いて使っていくのか、その価値観を共有できるのかなど夫といままでよりもたくさん話すことができました。

大手企業のサラリーマンである彼はもちろん仕事中心の生活で、日常生活には無頓着なところがあり、家庭内での役割分担をお互いに担うだけの生活で、会話は子どものことや「今日なに食べる？」といったことのみ。自分たちがどのように生活したいかや老後の暮らしのことなど肝心な暮らし方

のことをじっくり話したことはありませんでした。那須に何度も通う中で、今後どう生活していきたいかなど具体的な暮らしや生き方の話ができるようになりました。車で那須へ通う行き帰りにたくさん話せたことで、埋もれていた関係を掘り起こすことができました。

私にとっては旧知の近山さんたちがいる那須への移住ですが、夫にとってはまったく未知の場所、未知の人々との出会い、暮らしになる。「君はいいよ、知り合いがたくさんいるのだから」と何度も言われました。そこで、彼が那須の暮らしに慣れるように那須に何回も行く機会を持ちました。夫は自転車で近隣を散策したり、住民と会ったりして、徐々に那須地域に慣れ、お気に入りの場所や店などもできてきました。また那須まちづくり広場にあるゲストルーム「あさひのお宿」に何度も宿泊するうちに、「ひろばの家・那須1」を検討中の方たちとも知り合い、つきあいが始まったのも、よいきっかけになりました。

夫は定年退職後、同じ会社に再雇用され、コロナ禍があったおかげでテレワークとなり、どこに住んでも仕事ができるスタイルとなりました。会社にも那須移住のことは伝えているそうです。「ひろばの家・那須1」を契約する際、二人で話合って、預貯金は息子に残すのではなく、二人の老後の生活に使うことに決め、練馬の家は息子に残すことにしました。そのことは息子にも伝えました。

私たちの那須の住宅はログハウスです。東日本大震災後の仮設住宅で使われたログハウスを移築した住宅も数戸あったので、せっかくのチャンスなので、それを選びました。私は元々リユース、リサイクルに興味があったからです。私は日常でも古着をダーニングして、着たりするのが好きなんです。

　また夫は、他の方が庭にウッドデッキをつくったのを見て、自分も作りたいと触発されたようでした。そこで「木工倶楽部」の高桑さん（173ページ〜）に相談し、ウッドデッキづくりの指導をあおぐことになりました。さらに、それをきっかけに夫婦二人で「木工倶楽部」に入ることにもなりました。そして、すでに住んでいる方たちが私たちを夕食に誘ってくださったりして、コミュニティの一員になりつつあると感じています。

「那須まちづくり広場」の中に住むというのは、とても良い気持ちです。ログハウスの自宅から少し歩くとカフェやマルシェや、子どもたちの場などがある。まさに「広場」があるという生活環境が心地良いです。私は図書館と呼んでいる「ＬａＬａいくた」も大好きで、寄付された本たちを選んできちんと整えて下さるボランティアの方がいて、その並んだ本を見るのがとても好きです。もちろん全部読めるわけではないけれど、気になった本を時々借りています。

　高齢者住宅に住むという意識はあまりありません。新しいコミュニティの一員になるという感覚でしょうか。そのコミュニティを選択する過程で、私たち夫婦は新しい関係を掘り起こすことができたと感じています。

　私たちは、２０２４年4月には、那須に移住しようと予定していますが、「コミュニティプレイスあたご」との関わりもありますし、私はしばらく2地域居住になるかもしれません。これから何をしたいのか、できるのか、ゆっくり考えていきたいと思います。

（２０２３年12月9日談）

◉その後の変化——それぞれの次の一歩

２０２４年２月から、私と夫は那須と東京の二地域居住を始めました。４月から、私は「那須まちづくり広場」の中にある「いちばんぼし」（児童発達支援・放課後等デイサービス）で週２回働き始めました。また「コミュニティプレイスあたご」で始めていた子育てサロン「おもちゃの広場」を「那須まちづくり広場」のホールを使用して、開催し始めました。私は木のおもちゃで夢中になって遊ぶ子どもの姿や子どもが自分でおもちゃの使い方を発見したときの目の輝きを見るのが大好きです。それは、私自身の生きるエネルギーになります。「那須まちづくり広場」で子どもの活動に関わっていくことはこれからも私のライフワークです。

夫は「ひろばの家・那須１」の自宅にウッドデッキを作り、東京に住む息子は自分で見つけたアルバイトを始めました。各々がそれぞれの道を少しづつ歩き出しています。

（２０２４年５月13日談）

子どものためではなく自分が楽しむために——木工の趣味を移住後も活かせた

〈自宅と別荘を売って移住したケース〉——高桑明さん（1942年生）

◉ボーイスカウトは人生を豊かにしてくれた

30年前、50歳で栃木県那須町に別荘を購入しました。まだサラリーマンをしていました。孫たちに田舎をつくってあげたい、夏などに孫たちが遊びに行ける場所を作りたいと思いました。というのは、私は東京生まれで、子どものころ、田舎がある友人がとてもうらやましかったからです。夏休みに「ばあちゃんちへ行く」と言っている友だちがいましたが、私には田舎がありませんでした。母は広島の出だったけれど、遠くて、費用もかかるので行くことができなかったのです。

27歳で結婚し、子どもは2人授かりました。妻は天の橋立の京都府北部の丹後地方宮津市出身で、子どもが小さい頃、夏休みには妻の実家へ子どもたちを連れて行きました。その実家には、妻の兄弟の子どもたちも集まって、にぎやかに過ごしていました。

その体験が私にとっても良い思い出となっているので、孫たちにもそういう場所をつくりたかったのです。

◉別荘暮らしのために木工を始める

那須に別荘を建てたことが、木工を始めるきっかけになりました。別荘は、日本にはない太い米松を使ったハンドメイドのログハウスを購入しました。ですが、建物だけで予算を使ってしまったので、別荘内部の家具などに回せる資金がなくなってしまいました。そこで、必要な家具などは自分で作ろうと考えたわけです。ベッドや家具、収納スペースなど作ったり、デッキを修理したり、工夫しながら作るようになり、だんだんと道具も揃えるようになりました。また別荘を管理するのには技術がいるわけですよ。維持管理、修理、メンテナンス等なども、なるべく自分で手を加えてきたので、自分にとっては愛着のある別荘となりました。

チェーンソーが使いこなせるようになったのは、千葉県生協の持っている森が千葉県八街市にあり、そこに見学に行ったときの催し物で「チェーンソー」を使うのを見たのがきっかけです。「おもしろいものだな」と思って、講習を受けて、使えるようになりました。そこから、八街市に通い技能をみがいてきました。ボーイスカウトの自団のキャンプ場に子どもたちのために動物などを彫ってきました。

でも、孫たちの田舎にするという夢は叶いませんでした。二人の子どもはそれぞれ家庭を持ち、娘の方は那須に折々きましたが、息子のほうは東日本大震災後の福島第一原子力発電所の事故で、那須地域は距離が近いので放射線が心配だから行けないと言われました。

◉子どもに面倒はかけられないと終の住処探し

二人の子どもはそれぞれに家庭に問題を抱えていることもあり、直接言われたわけではありませんが、親たちの面倒は見られないだろうと思ったわけです。ですから、自分たちの老後は自分たちで考えるしかないと思いました。

那須の別荘に最後まで住みたかったのですが、要介護になった時に子どもたちに迷惑をかけることになってはいけないと考えました。いまなら訪問介護を受けながら可能だったかなと思います。

高齢者施設に入ろうかと考えて、高齢者住宅、終の住処を探し始めました。何カ所かの施設へ見学に行ったら、「あなたのようなお元気な方が来るところではない」などと断られたりもしました。

自宅が千葉県鎌ケ谷市だったので、房総方面は結構探しました。ですが、サービスの行き届いている施設は入居費用が高い。夫婦だと、3～4000万円。それに月々の費用も20万円以上。将来、介護保険では賄えなくなるから、その見込み差額を入居時にまとめて支払うというところもありました。

それにどこも集合住宅なんです。私の妹が松戸の高齢者住宅に入っていますが、何百戸もある大きな集合住宅です。

私は大規模の集合住宅は、どうも気が進みませんでした。それぞれ人によって合う点は違うのだろうけれど、私は、「ひろばの家・那須1」が平屋なのが良いと思います。平屋の戸建て住宅感覚で住めます。平らな立地も良い。また、自由設計ができるのもよかったです。居室は、大枠だけ作ってもらって、別荘でやったように、居室内の家具や収納スペースを自分で作ることにしました。2

023年1月に「ひろばの家・那須1」がオープンしてから、千葉から通い、ウッドデッキ、収納スペース、ベッドなどを作っています。

◉「那須まちづくり広場」には　みんな揃っている

土地勘もあるし、やっぱり那須の自然が好きなので、那須エリアで終の住処をと探しているうちに、「那須まちづくり広場」を知りました。「人生100年・まちづくりの会」には2回目（2020年3月14日）から参加しています。完成している場所を見るのではなく、これから作る高齢者住宅をどうしたいか話し合うというのはどういうことだという思いもあって、参加し続けました。また、最初のうち価格は決定していなかったのですが、だいたい坪単価100万円程度（建築資材の高騰などで価格は変更になりました）からという話が出ていて、手頃だとも感じました。

「人生100年・まちづくりの会」は、最初は2カ月に一回の開催ですが、ほとんど毎回参加するうちに顔見知りになる方もいて、「那須まちづくり広場」で働いている方などとも顔見知りになって、入居前からコミュニティの一員になったような感覚がありました。

そして、コンセプトがいいと思いました。人生の最期の時までの必要なものが、みんなあります。通所介護「あい・デイサービス那須」、介護の方向けのサービス付き高齢者向け住宅「ひろばの家・那須2」と揃っています。そのすべてが徒歩5分圏内にあるのがいい。その時の状況でその時に選択できる選択肢があるというのが、いいのです。

それに「人生100年・まちづくりの会」には、いろんな方が参加されています。そういうのはおもしろいですね。「人生100年・まちづくりの会」では、参加者全員が、一言ずつ、自己紹介もかねて、挨拶代わりの発言をします。そこで私が「木工が趣味である」と話したことから、校舎の改造の時には本棚づくりを依頼されました。交流ホール前の「ＬａＬａいくた」の本棚が、その時に作ったものです。もちろんボランティアです。その時に木工倶楽部の作業場もできました。入居者の人から依頼されて棚なども作りました。

◉人生を豊かにしたボーイスカウト

仕事は、建設会社で橋や港などの土木構造物の設計をしていました。建設の仕事に就いたきっかけも、ボーイスカウトでした。子どもの頃、ボーイスカウトの野外活動で相模湖にキャンプに行ったのです。相模湖はダムでできた人造湖です。こんな巨大なものを作る人間はすごいと思い、こんなものをつくる仕事がやりたいと思ったのです。

私は、もともとシャイな性格で、小学校では、ろくに話もできない人見知りだったので、小学校の先生がボーイスカウトを勧めてくれて、ボーイスカウトの年下の子どもが入るカブスカートに入りました。キャンプなどの活動で、テントを張ったり、火をおこしたりする、年上のボーイスカートのようになりたいと憧れていましたが、父親の転勤で中断してしまいました。その思いがあって、子どもが入団できる年になると、現在自宅のある千葉県鎌ケ谷市のボーイスカウトに息子を入れました。すると保護者は何か手伝わなければいけないわけで、自分は多少経験があることから、ボーイ隊のリーダーを引き受けることとなりました。ハイキングをするにしても、キャンプでテントを張るにしても、子どもに教えるにはまず自分たちが勉強しなければならない。資料を調べいろいろな講習会で勉強しました。もちろんボランティアです。その後、私は長年ボーイスカウト活動を続けてきました。

今年（２０２３年）ボーイスカウト鎌ケ谷第1団の結成50周年の記念の団の合同キャンプがあったのですが、47年間はかかわってきたことになります。ボーイスカウトのおかげで、地域の役所を始め、いろいろな方との付き合いもしてきたし、いろいろな人やグループの人たちと協力して地域活動もしてきました。ボーイスカウトのおかげで、会社人間にならずにすんだと思います。

ボーイスカウトで、いろいろな講習会があり、キャンプやサバイバル、サイクリングなどたくさんの技術を学んだし、多くの人たちと共同作業をする訓練も積みました。それに月曜日から金曜日は会社で仕事。土・日はボーイスカウト活動と生活の切り替えがうまくできるようになり、時間の使い方も上手くなりセルフコントロールも身につきました。一人で計画して、実行する力がついたのもボーイスカウトのおかげ、ボーイスカウトが、人生を豊かにしてくれました。

妻とドナウ川やスウェーデンのサイクリングをすることができたのも、自転車の技能であるブレーキ調整パンクの処理などを身につけたからです。

ボーイスカウトのおかげで、人との付き合いも学びました。でも表面は外交的にしていますが、シャイな自分という根のところは変わってはいません。

◉自宅と別荘の売買

別荘は、工夫して長年手を入れてきたので、愛着ある建物となっていましたが、「ひろばの家・那須1」に入居することを決めたので、売りに出しました。

買ってくれた人も多趣味のおもしろい人で、別荘の手入れの仕方を聞いてくるので教えたり、一緒に修繕したり。那須に来た時には、いまはその人のものである別荘に泊めてもらったりして、売買関係以上の一緒に遊べる友人になりました。今年9月に、2人乗りのカヌーに一緒に乗って、那珂川の川下り50㎞も体験しました。

千葉県鎌ケ谷市の自宅も売りに出していますが、私的に建材にもこだわった純和風の家は二世帯住宅で大き過ぎるため、売りにくいと仲介業者から言われています。壊してマンションを建てたいなんて業者は来るけど、現在の家のままでは売れないというのです。梁や柱なんかもいい木を使っているので、それだけでも取り外して、売れるのではないかと聞くと、再生するには丁寧に解体しなければいけないので、ものすごい費用が掛かると言われました。瓦ももったいないと思うのだけれど、処分するのに、一番お金がかかると言われてしまった。資源を再利用する考えではなくなっているのですね。

リフォームもきちんとしているので、見てもらえば新しい建物と遜色ないとわかると思いますが、築40年というところだけで、評価されてしまう。アメリカなどでは家を買って手入れすれば、その分高く売れるとのことです。残念ですが、もう、覚悟を決めました。もう壊しても良いと決めました。連れ合いが家のお守で鎌ケ谷の家にまだいるのですが、もう決めたので、彼女も12月までには

「ひろばの家・那須1」に引っ越して来ることになりました。

◉趣味の木工を活かしてボランティア

2023年1月に「ひろばの家・那須1」がオープンし、千葉から通いながら、新居にウッドデッキ、収納スペース、ベッドなどを作りました。とても住み心地のいい設計だというので次に増設する「ひろばの家・那須1」の標準設計になりました。必要なものを自分でつくるのは楽しいです。現在、「木工倶楽部」の仲間を募集中です。自分で作りたい方がいれば教えてあげられるし、道具もあるので、作る楽しさを伝えたい。

今度、「那須まちづくり広場」の防災の勉強会で、非常食の試食会をすることになり、炊き出し担当をすることになりました。非常食の試食会などは、ボーイスカウト時代にいろいろな形で経験しています。こういうことは、いままでの経験を活かして協力できます。

他にも子どもたちとキャンプするとか、ツリーハウスを作るとかもできるので、地域の子どもたちと何かできるといいと思います。

連れ合いは、腰が痛いとかで、「やめようか」とか言っていたフラダンスの衣装をまとめて送ってきたから、続けたい気持ちがあるのだと思います。彼女は、鎌ヶ谷では、フラダンスを教えていました。フラダンスは手話のダンスなので、日本の民謡でもなんでも踊れます。連れ合いも楽しみにしているようです。

◉今後の課題・希望

去年、腰の手術をしました。先日の「ひろばの家・那須1」の運営懇談会で介護の方向けサ高住「ひろばの家・那須2」は、いまは満室と報告がありましたが、状態にもよると思いますが、自分に介護が必要になったら「ひろばの家・那須2」に行くのかな、と思っています。でも「ひろばの家・那須2」に移らずとも、「那須まちづくり広場」には、定期巡回・随時対応型訪問介護看護事業所があるので、できるだけ自宅で過ごすつもりです。歩いて行ける範囲に最期まで暮らせる選択肢があり未来のイメージができるから、元気なうちに「ひろばの家・那須1」に入居しました。

「ひろばの家・那須1」は、一人になりたいときは閉じこもれるし、誰かに会いたい時は、出て行って会える環境がいいです。

いまは経験を生かしてできることをし、ボランティアで「那須まちづくり広場」を応援しています。

（2023年10月21日談）

いずれはグループホームも作りたい
〈母娘で入居のケース〉——石井悦子さん（1954年生）

◉ベストのタイミングだった「生活設計」

2023年1月に「ひろばの家・那須1」がオープンするとともに、福島県白河市から転居してきました。元の家は代々農家でしたから、「ひろばの家・那須1」の新居より2・5倍ほどの広さがあり庭も広いですが、ここでは軒先にささやかな植栽が植えられる3坪程度の場所があるだけです。とはいえ、娘と二人の再出発にはちょうど良い手ごろな広さだと思います。そして「ひろばの家・那須1」のハウス長という職住一致の生活が始まりました。

◉生まれ育ったのは農家。弁当一つで稼げるサラリーマン

結婚したのは1981年、私の兄と夫の叔父にあたる人がバレーボールサークルの仲間だったことからの縁でした。私も農家の出だったので、農家であること、夫の両親との同居にも抵抗はありませんでした。それに、夫の両親は息子に農業を継がせる気はなくなっていました。夫は三男で、長男、次男はすでに家を出ていて、別の仕事に就いていたのです。夫は実家にいましたが、福祉関係のサラリーマンでした。義父は「サラリーマンほどいいものはない、弁当一つで金が稼げる」と

よく言っていました。私も結婚で保育士の仕事をいったん辞めましたが、間もなく夫と同じ職場で働くようになりました。私たちの世代では、結婚した女性が働きに出ることは普通のことになっていたと思います。朝起きて畑仕事や食事の世話など家の仕事をしてから働きに出て、夕方帰ってから、また家の仕事をする。兼業農家は皆そうでしたし、大変だとは思っていませんでした。

朝夕の食事は私が作りましたが、昼や夜勤の時はお義母さんがやってくれました。その後、出産で一時休職したり、転職もしましたが、仕事は継続しました。それは、夫の両親と同居していたおかげもあると思います。

子どもは三人授かりました。いまは結婚してすでに家を出た長女、いまだ独身の長男、障がいのある次女。夫の両親は次女をとても可愛がってくれて、幼稚園や学校の送り迎えなども担ってくれたので私は仕事を続けることができました。

高齢者介護の仕事に関わったのは、１９９０年に福島県西白河郡泉崎村の特別養護老人ホームに入職してからです。２０００年に介護保険が始まるタイミングで、民間の介護保険事業者ワンランド株式会社へ転職します。ワンランド㈱へ転職したのは、仕事仲間というか友だちつながりでした。泉崎で同僚だった人が、ワンランド㈱でケアマネージャーをしていると聞いて見学に行くと、福祉の職場で一緒に働いていた仲の良かった方もいて、私もここで働こうかなと思ったのです。ちょうど特養での夜勤がきつくなってきていたこともあって、ワンランド（株）に転職し、現在に至っています。

◉義父の死と夫の早期退職

義理の父が亡くなると、農業は続けられなくなりましたが、義母は家で食べる野菜だけは作ってくれていました。また田んぼは貸して、何袋かの米と「年貢」（賃料）をもらうことになりました。夫は周囲の仲間たちが早期退職していくこともあり、仕事がきつかったのか、早期退職を選びました。夫の退職金は、ほとんど家のリフォーム代となりました。

その後、彼は友人の会社を手伝ったり、近所のコンビニの早朝バイトなどをしながら家や庭の管理をほとんど夫がしてくれ、私は気が向いたときに草むしりするくらいで仕事に専念できました。

5、6年前から義母が認知症を発症し徐々に進行しましたが、家にいることが多い夫が自宅で義母をみていました。夫にとっては実母ですから、難しいこともあったかと思います。はたからみると親子げんかのような言い争いをするようなこともままありました。

◉「那須まちづくり広場」始まる

2018年、「那須まちづくり広場」が始まりました。近山さんとは、「あい・デイサービス那須」の活動を通じて旧知の仲でした。何年も前から、支え合い、助け合いながら三世代まで続く共生を軸にした「那須100年コミュニティ構想」の話は聞いていて、壮大で、大風呂敷のようだとも感じたこともありましたが、それが「那須まちづくり広場」として、具体的に広がっていくことに驚きがありました。その近山さんから「ワンランドさんに介護の部分で『那須まちづくり広場』に参加してほしい」と打診されました。

ワンランド㈱は福島県郡山市に本社を持つ、居宅介護支援、訪問介護、通所介護などを展開している介護保険事業者です。「那須まちづくり広場」では、最期まで自分らしく暮らせる拠点づくりを目指していて「地域包括ケア」を担う役割をワンランドに期待されているのだと思いました。

当時は、「那須まちづくり広場」に仕事で関わることになるのなら、私は、白河の家から通うことになるのかなというイメージでした。

◉夫の急逝、状況は一気に変化

「急死は誰にでもおこることだが、事前に考えている人はいない。」などと言われますが、私にとっても晴天の霹靂でした。夫は夕飯を食べている時にせき込み始め、呼吸困難になり救急搬送。肺がんと診断され、即入院。2週間後には帰らぬ人となってしまいました。

あまりに急なことで、受け止めきれず混乱してしまいました。夫の異変に気付かなかった自分を情けなくも思いましたが、夫の急死で「家の管理」、「義母の介護」「障がい者の娘のサポート」など、夫婦で担ってきた問題が一気に私一人の肩にかかってきました。

そんな時、「那須まちづくり広場」には、60歳から暮らせる自立の方向けサービス付き高齢者向け住宅、介護の方向けサービス付き高齢者向け住宅と多世代賃貸セーフティーネット住宅もできるということを知りました。住宅ができるなら、そこに住んで働くのも良いかもしれないと思うようになりました。

入居を打診すると「生活設計」の見直しを提案されました。「生活設計」は、入居希望者やコミュニティーネットワーク協会に相談に来られる方に行っているもので、現在の暮らしの課題を洗い出して、その解決方法を第三者である相談員とともに検討します。何を一番大切にして生きていくのかという価値観の再確認でもあります。長年、高齢者住宅情報センターで入居相談に関わってきた近山さんには何でも話すことができました。そして私の「生活設計」の見直しに伴走してくれました。一緒に課題を洗い出し、対策を考え、整理して、今後の「生活設計」を立てていくことができました。近山さんはいろいろな提案もしてくれて、私は提案を検討して、頭を整理し、納得して、決めたことを実行していきました。近山さんからは、「提案をこんなにスムーズに受け入れる方は珍しい」と言われましたが、自分でもやりたい方向が見えてきていたのだと思います。その背中をドーンと押してもらった気がします。

私の課題は、夫と担ってきた「家の管理」「義母の介護」「障がい者の娘のサポート」を一人では担えないし、担ってはいけないということです。

長年、高齢者介護を仕事にしてきましたが、義母であっても改めて身内の介護は難しいと感じました。日中デイサービスに通ってもらっていましたが、認知症が進んでいたこともあり、特別養護老人ホームに入所してもらうことにしました。

この時、まず夫のきょうだいに相談しました。兄が2人、妹が一人います。私は嫁の立場ですので、義母のこと、家のことを自分が決めることに迷いがありました。ですが、夫のきょうだいたちは「悦子さんに任せる」と言ってくれ、私は躊躇なく自分の決断を実行することができました。

また、特別養護老人ホームの費用が義母の年金だけでは少し足りないため、兄たちに、義母の金銭援助も相談しましたが「自分の生活で目いっぱい」と言われました。兄たちは夫より当然年上ですし、年金生活となっているので、それは仕方のないことと受け入れました。

次の大きな課題は「家の管理」でした。代々続く農家で、家は大きく、庭も広い。いままでは夫が庭の草木の手入れなどをやってくれていましたが、私にはとても手に負えません。息子は3交代の仕事で無理ですし、人を頼むとお金がかかります。そこで、家を売却し、その資金で「ひろばの家・那須1」に入居するという計画を立てました。私と娘の南、愛犬のミスターが「ひろばの家・那須1」に住み、息子・翔太郎は「ひろばの家・那須3」に住む計画です。

息子は、高卒で入った会社にずーっと勤めています。生まれ育った家に愛着もあったと思いますが、新しい生活に希望を見たようで賛成してくれました。

改めて、「那須まちづくり広場」は、私のためにある企画だといまでも勝手に思っています。嫁に入った身で、夫の実家を売却整理するなどとんでもない嫁！　ですよね。昔だったら思いもよらないことでしたが、近山さんたちの著書『どこで、誰と、どう暮らす?』（彩流社）などを、斜め読みではあったけれど読んでいましたし、近山さんたちの暮らしぶりにも接していて、「嫁は卒業」してもよいのだと思えました。そして、「老後こそ自立の季節」という駒尺喜美さんの言葉を実感しました。

また「那須100年コミュニティ構想」ということも、いつからか何度となく聞いていて、地域に広がる活動やコミュニティづくりが本当に進んでいくのだと思うと、その大きな一歩となる「那須まちづくり広場」を見てみたい、参加したいという気持ちも大きかったです。

◉いままで知っていたサ高住とは、大違い！

いままで私が知っていたサ高住（サービス付き高齢者向け住宅）は、介護が必要としている方対象のところばかりで、「してあげる介護」ばかりだったので、頭の切り替えが必要でした。自立生活ができる方たちが、自由に各々のペースで暮らしているサ高住「ひろばの家・那須1」では、できることは自分でできるように、支えていくことが大事。なんでもやってあげるのではない、「自立をサポートすること」と一概に言いますが、最初はよくわかりませんでした。ですが、やってみたら徐々に分かってきて、お互いに気持ちがいいことだと感じています。しかし、まだまだ学ばねば……の状態です。その仕事の助けになる生活コーディネーター養成講座が開催されるとのこと。いまから楽しみにしています。

また、その人が自分らしく生ききるための「完成期医療福祉」の勉強は初めてのことですが、「那須まちづくり広場」に来て「ひろばの家・那須1」に住み、働いてみなかったら考えられなかったと思います。いままでやってきた介護の考え、「してあげる介護」を超えていくためにも「完成期医療福祉」が必要と思えるようになりました。

◉課題も夢も目標もある

娘の南とは、1月に越してきてから2月から3月ごろまで、「白河に帰る」「元の家は売ってしまったから、もう帰れない」「何で売っちゃったの」とのやり取りが続きましたが、夏になってやっと言わなくなりました。

この頃から、彼女とは１０００円札が10枚集まったら、貯金を始めようと言っています。将来、白河に障がい者向けのグループホームをつくって、白河に戻ろうと二人で話していて、そのためにはお金がたくさん必要だからしっかり働こうと。それが一つ大きな目標です。いま、彼女は週３回（有）福祉ネット「やわらぎ」の「すまいる工房」（就労継続支援B型）で働いて、週２回「那須まちづくり広場」にある「すくらむ」（就労支援継続B型／生活介護）で自立するための体力づくりをしています。

先週、「白河手をつなぐ親の会」の旅行に南と２人で参加しましたが、バスの乗り降りや、車いすの自走もスムーズで、この暮らし方は南の自立にもとても意味があることだと感じています。以前の旅行では南を夫がおんぶしていました。私では南を背負って歩くのはとても出来ないと思っていたので安心しました。将来は、親元にいるのではなくグループホームかシェアハウスで自活生活ができるようになればと願っています。「那須まちづくり広場」は将来グループホームをつくることになりましたので、いまからとても楽しみにしています。南の目標にもなりました。

職住一致の生活は大変な面もありますが、案外いいかなと思えました。住んで、働いていることで、皆さんと生活を共にしている実感があります。住んでいる方たちの気配を感じながら生活し仕事ができることはとても充実しています。安心して仕事をすることにつながります。また通勤時間がないというのは、とても楽で良いです。

課題は、最期まで自分らしく自立して自由に暮らすことを支える仕事をさらに覚えることですね。いろいろ学ぶことばかりですが、楽しんで学びたいと思います。

「ひろばの家・那須1」の新居はもちろん自由設計しました。自由設計できるサ高住はあまり無いとのことですが、私の家は、元の平面図がどうだったのか分からないほどです。私と南の生活に合わせて生活しやすいように暮らしやすいように、動きやすく、使い勝手良くと考えました。そして私の手仕事部屋を作り、３台のミシンを置いたことはこだわりです。この手仕事部屋で好きな洋服つくりをする時間をつくりたいです。

それから家の南側と東側に小さいですが庭があります。私が好きにできるちょうどいい広さで、ここも楽しみの場所です。

私の姉が間もなく70歳で、仕事が定年になると聞き、「ひろばの家・那須1」に来ないかなあと勧めています。ここで新たに知り合った方々と一緒に助け合いのあるコミュニティをつくっていきたいです。私はここで働き、住み、年老いて、最期、いや、完成期を迎えられればいいかなと思っています。

（２０２３年10月14日談）

これまでやってきたことを続けられる場所
〈夫は5年前に那須へ、妻は東京で仕事を続けるケース〉
——米沢陽子さん（1962年生）・鏑木孝昭さん（1959年生）

◉各々やりたいことをやり、会いたい時に会う

鏑木孝昭（以後　孝）　那須で100年コミュニティをつくる事業として廃校を利用して、新たなコミュニティの拠点をつくることは、持続可能な社会に転換していく先駆例を作ることと考え、「那須まちづくり広場」の立ち上げから参加し、那須まちづくり株式会社の役員に就任しました。

学生時代から、持続可能な社会づくりに寄与したいと思い、いくつかの活動に参加してきました。2008年、仲間たちと立ち上げたあるプロジェクトで那須を訪れ、近山恵子さんと出会いました。近山さんは那須町で、すでに（一社）コミュニティネットワーク協会として「那須100年コミュニティー構想」を掲げて、活動をされていました。近山さんが（一社）コミュニティネットワーク協会の仲間たちと積み上げてきた住まいを核とするコミュニティの創生は、私が求めていた持続可能社会の基盤であると確信しました。さらに、その基盤の上に持続可能な社会をめざす事業を展開できれば持続可能な社会を目指せると大きな可能性を感じて、協力したいと考えたのです。そこで私は、那須、高島平、横浜などで（一社）コミュニティネットワーク協会の「まちづくり」の活動

に関わるようになりました。

さらに、どこかで自分の終の棲家をつくりつつ、その地域を持続可能な地域に転換する活動ができないだろうかと思っていたところ、２０１６年、那須町で廃校になった旧朝日小学校を再生利用する募集があり、近山さんたちが募集に手を挙げ、廃校利用のプロジェクトを企画すると聞いて、大きなチャンスと感じ、企画段階から加わりました。

そして、２０１８年、その企画「那須まちづくり広場」オープンと同時に、私は、旧校舎の宿直室へ住み込みを始めました。

新卒以来勤めていた会社は、早期退職をすることにしました。パートナーの陽子さんは自分の仕事があるので、神奈川県横浜市の自宅の暮らしをそのまま続けて、私は、那須町での暮らしを始めました。宿直室へ住み込みは、２０２１年夏まででしたから、3年とちょっとです。夜は無人となる旧校舎に一人で泊まることに不安はなかったのかとよく尋ねられましたが、大丈夫でしたし、住み込みは私たちのまちづくりでは基本でしたので、やってみたいと思いました。

２０１８年当時の「那須まちづくり広場」は、旧校舎をほとんどそのまま利用するという企画でした。地域のニーズを取り入れ、最低限の改修をして、コミュニティカフェ「ここ」とマルシェ「あや市場」、屋上にソーラパネルを設け、毎月「楽校（がっこう）セミナー」を開催。地元の協力事業者のテナント出店もあり、まちづくりの拠点を目指して出発しました。

私と陽子さんは校舎2階の東端にあった旧小学校時代の音楽室を借り受け、音楽工房「ＬａＬａらうむ」として、歴史ある楽器や資料を展示、そこで季節ごとにコンサートを開く活動を始めました。

2018年オープン時の「那須まちづくり広場」

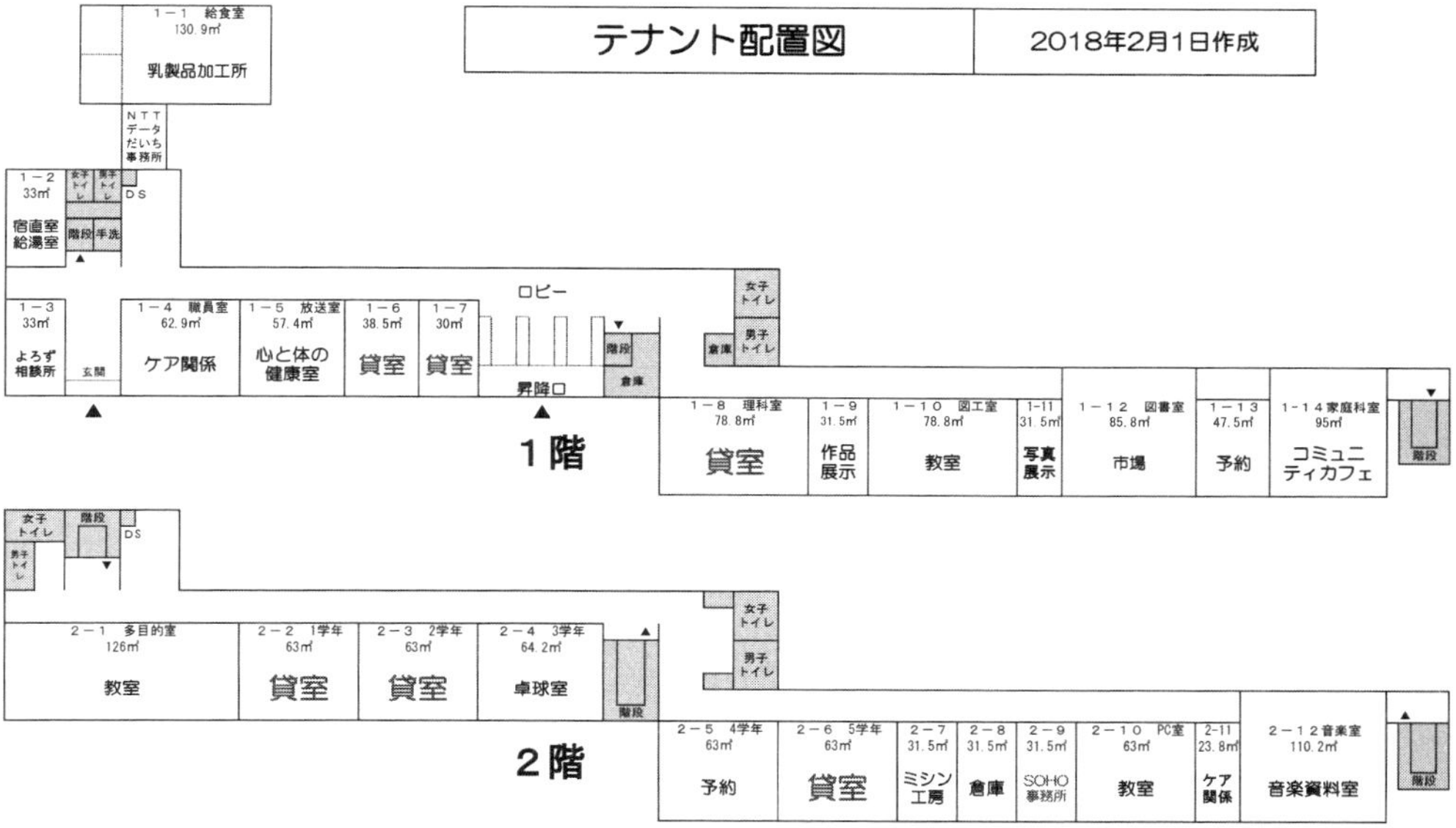

彼女はパイプオルガンを中心とした鍵盤楽器演奏者であり、音楽療法の研究・実践者でもあります。

米沢陽子（以後　陽） 彼は、「那須まちづくり広場」開設当時から、ここに泊まり込みで関わっていて、私は、横浜から時々来る2地域居住というスタンスです。ですから、お互いに「おひとりさま」生活で、時々会うというかたちになりましたが、いままでも、私が留学や研究のために海外に滞在するなど、別々に暮らしたりすることはありましたので、離れて暮らすことに関しては特に問題は感じていません。といいますか、かえって楽で良かったと思っています。

ちょうどコロナ禍になり、私の仕事が多忙を極めたからです。複数の大学で講義やゼミを担当していますが、ほとんどオンライン授業となったため、準備や整理に追わ

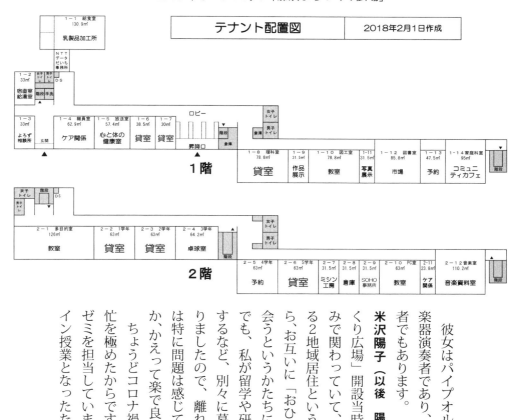

れる日々となりました。そんな時、自分のペースで暮らすことができて良かったと思いました。

一人で暮らしていると、自分の時間をどう使うか自分で決められます。体調やその日の気分もあるので、自分で考え、自分のペースで仕事ができました。彼に当たらずに済むということも含めて。忙しいときには「大丈夫？」と気を使ってくれるのも、ありがたいことではあるのですが、ほったらかしておいてちょうだいというときもありますし、自分のことで精一杯で、彼のことにまで気が回らないということもあります。そんな時は、一人でいられることがありがたかったです。

孝　私たちの暮らし方は、お互いにやりたいことをそれぞれに思う存分やるというものです。その上で、二人でやりたいことがあると、できるときは一緒にやります。たとえば月に1回はズームで飲み会をしていました。それぞれのつまみや「何を飲んでいるの？」なんて飲み物を見せ合いながら、近況報告をしていました。新鮮で楽しかったです。

そして、私は早期退職で失業したわけで、いまは陽子さんの扶養家族になっています。

陽　私は、学生を長く続けていて、稼げるようになるまで、時間がかかりました。結婚してから23年間は彼の扶養家族でした。その間、私は思う存分、自分に必要な好きな勉強をさせてもらいました。ですので、今度は、彼がやりたいことがあるならやればいいと思っています。幸いいまは私が働いているので、彼が私の扶養家族になっています。

私にもやりたいことがあるし、やりたいことを継続してやっています。また、彼には彼のやりたいことがあり、彼の世界があります。重なるところがあれば一緒にやるけれど、それぞれがやりたいことはそれぞれでやればいいと思っています。自分のやりたいことを選びながら、お互いを尊重しながら、会いたい時に会えるのはとても楽で楽しいです。

◉那須にたどり着くまでの私

孝　音楽活動は、私のライフワークの一つでもあります。彼女の活動を応援しているし、私にできることはしたい。

私は、若い頃から、社会を持続可能なものに変えたいと思っていました。就職し、仕事として社会を変えることができるかもしれないと思っていましたが、大企業ではその選択ではできない、無理だと気づきました。「まちづくり」を謳っているプロジェクトに仕事としてかかわったのですが、関わっている会社同士の綱の引き合いばかり見せられたことでうんざりし、次の仕事を探し始めました。45歳でした。

大企業での限界を感じ始めた30過ぎから、一個人として、社会を変えられる可能性があると感じたものに次々と関わりました。ボランティアや市民活動です。その活動のなかで、本を書く機会を得ました。『ボランティア入門ハンドブック』（1999年）と、共著の『北欧スタイル快適エコ生活のすすめ――森の精ムッレに出逢ったスウェーデンの人々のビジョンとは』（2000年、ともにジェイ・インターナショナル）と2冊著書があります。

また2004年のカーフリーデーをきっかけに交通弱者の移動支援にも関わるようになり、横浜交通まちづくり協議会として、横浜市へ政策提言も行ったりしました。この活動の経験は、現在「那須まちづくり広場」での「NPO法人ワーカーズ　コレクティブま～る」の活動にも役立っています。

２０１０年7月に新日本未来学会の主催で「持続可能な暮らしとコミュティの未来」というシンポジウムが開かれました。そのときパネルディスカッションで当時（一社）コミュニティネットワーク協会理事長であった近山恵子さんと再会しました。その頃、近山さんは（一社）コミュニティネットワーク協会で、「１００年コミュニティの創出」を掲げ、東京の高島平団地、多摩地域や栃木県那須町などで、「まちづくり」の活動を積み上げておられました。

この頃から近山さんとの交流が深まっていきました。私のパートナーがオルガンを中心とした鍵盤楽器の演奏者であり、音楽療法士として研究、実践をしていることから、高齢者住宅で歌い、学ぶ会を企画することを勧められました。その後私たちはいくつかの高齢者住宅で、演奏と共に高齢者住宅に入居されている方たちと一緒に歌う会を定期的に開催するようになりました。そういう時私は助手として、彼女をサポートし、たまには独唱させてもらいます。

音楽活動は私のライフワークの一つでもありますし、彼女の活動を応援しているので、できることはやりたいのです。それは私の喜びでもあります。

◉楽器にとって理想的な場所。来るのが楽しみ陽

「那須まちづくり広場」では、２０２1年10月に校舎西側の改修が完成しました。そこで、旧音楽室の「ＬａＬａらうむ」から、新しくなった「ＬａＬａらうむ」に自分が所有する楽器、チェンバロ、小型のパイプオルガンなどを運びました。交流ホールＡの隣にガラス戸越に楽器が見えます。ガラス戸を開くとそのままコンサート会場になります。

「ＬａＬａらうむ」に置いてある楽器で練習三昧でき、季節ごとにコンサートも開かせてもらっています。おかげで「那須まちづくり広場」は私にとって理想の空間になりました。来るのが楽しみな、魅力的な場所です。

孝　「ＬａＬａらうむ」の場所が決まったことで、貴重な小型のパイプオルガンの購入を決めました。オルガンビルダーとして有名なガルニエオルガヌムのものです。演奏会用レンタル楽器として２０００回は使用されたものと聞いています。高価なものですが、ベンツより安いと、決断しました。

前から置いてあるチェンバロもバッハの時代のレプリカで、貴重なものです。それと並べるのに、小型のパイプオルガンがちょうどいいと思い、購入を決断しました。

陽　また今年の夏には「那須まちづくり広場」で大学のゼミ合宿を行いました。「那須まちづくり広場」内にあるゲストハウス「あさひのお宿」に泊まり、交流ホールＡでゼミ発表をしたり、楽器や歌の練習をしたり……。合宿には現役の大学院生と学部生だけでなく、なんと嬉しいことにＯＧとＯＢも参加してくれました。これまでの修了生５人全員、東京、高崎、水戸、遠くは福岡からも来てくれました。

大学院のゼミ生は皆、もともと自分の専門領域を持っている社会人として、しっかりと目的意識を持って入学してきた人たちです。学校の教員、ピアノ教師、合唱指揮者、教会オルガニスト、聖歌隊指導者など、授業以外はそれぞれの現場を持っています。私は論文指導と週３コマ程度の授業でしか関わっていないわけなのですが、合宿では私が知らない彼女ら彼らの一面を見ることができました。

ゼミ発表では、修了生には大学院で学んだことと近況を、現役生には現在研究していることを、また学部生には「将来の夢と現在の自分」について語ってもらい、そこから世代を超えた交流が始まるのも目の当たりにしました。

最終日には交流ホールＡ「ひろばのひろば」でミニコンサートを開催しました。ヴァイオリン、ピアノ、オルガンやチェンバロの独奏、合唱、トーンチャイム合奏など。その準備にしても、私が主導せずとも、互いの専門分野や得意なことを持ち寄って、「こうしたら？」「ああしてみたら？」と意見を出し合いながら仕上げていくのです。学部生たちも先輩たちと交わりながらともに学んでいく。それはもう見事としか言いようがなく、私は端っこで喜びをかみしめながら様子を見守っていました。互いに育て合っている、育ち合っているって、こういうことなのだろうな……と思い、私自身が学ぶところも非常に大きかったのです。

コンサートには誰も来ないのではと思っていましたが、「ひろばの家・那須１」の方を中心に思いがけず多くの方が聴きに来てくださいました。ゼミ生たちが生き生きと演奏する姿に、聴き手の皆さんからは「元気が出ました」、「楽しくなって自然と手拍子をしてしまったわ」というご感想もいただきました。「音楽とは双方向性があるもの。つまりコミュニケーションなのだ」ということを実体験でき、参加したゼミ生たちの満足度は高かったです。

私のゼミでは年齢や背景は多様な方たちが互いに学び合っているところが良いなと思っていいます。20代から、上は70代まで。その参加した皆がそれぞれに、元小学校という環境、生活の場となっている環境を感じ取っていたように思います。音楽工房「ＬａＬａらうむ」の隣にブックギャラリー

「ＬａＬａいくた」、アートギャラリー「ＬａＬａえすぱす」があるのも良い環境だと改めて思いました。

私にとっても新鮮な体験で、味をしめたといいましょうか。来年以降も続けていきたいです。

◉「ひろばの家・那須２」で最期の時を過ごした母

陽　「那須まちづくり広場」では、「ひろばの家・那須２」の存在もありがたかったです。両親は仲の良い夫婦で、東京都調布市で暮らしていましたが、母が要介護状態になり、特別養護老人ホームに入所したことで、別々に暮らすことになりました。父は元気で、自分で車を運転して毎日母の面会に行っていました。しかし、コロナで面会ができなくなってしまったのです。それでも父は毎日電話して、電話口で一緒に母の好きな歌を歌ったりしていました。

都内に暮らしている兄が頻繁に父の様子を見に行っていたのですが、父の一人暮らしもそろそろ限界になってきたとケアマネージャーからも助言があり、「那須まちづくり広場」の「ひろばの家・那須２」のことを改めて詳細を聞いてみたのです。すると「ひろばの家・那須２」は介護が必要な人のサービス付き高齢者向け住宅ということで、母と父が部屋は各々個室で別ですが、同じ「ひろばの家・那須２」の屋根の下で暮らせる場所だとわかったのです。

父は最初、東京を離れることに抵抗感がありましたが、母と同じところで暮らせるならと承知してくれました。いろいろな手続きはありましたが、父が移住し、母も移住でき、何年か振りで、二人は同じ屋根の下で暮らすことができました。

2025年1月時点の「那須まちづくり広場」

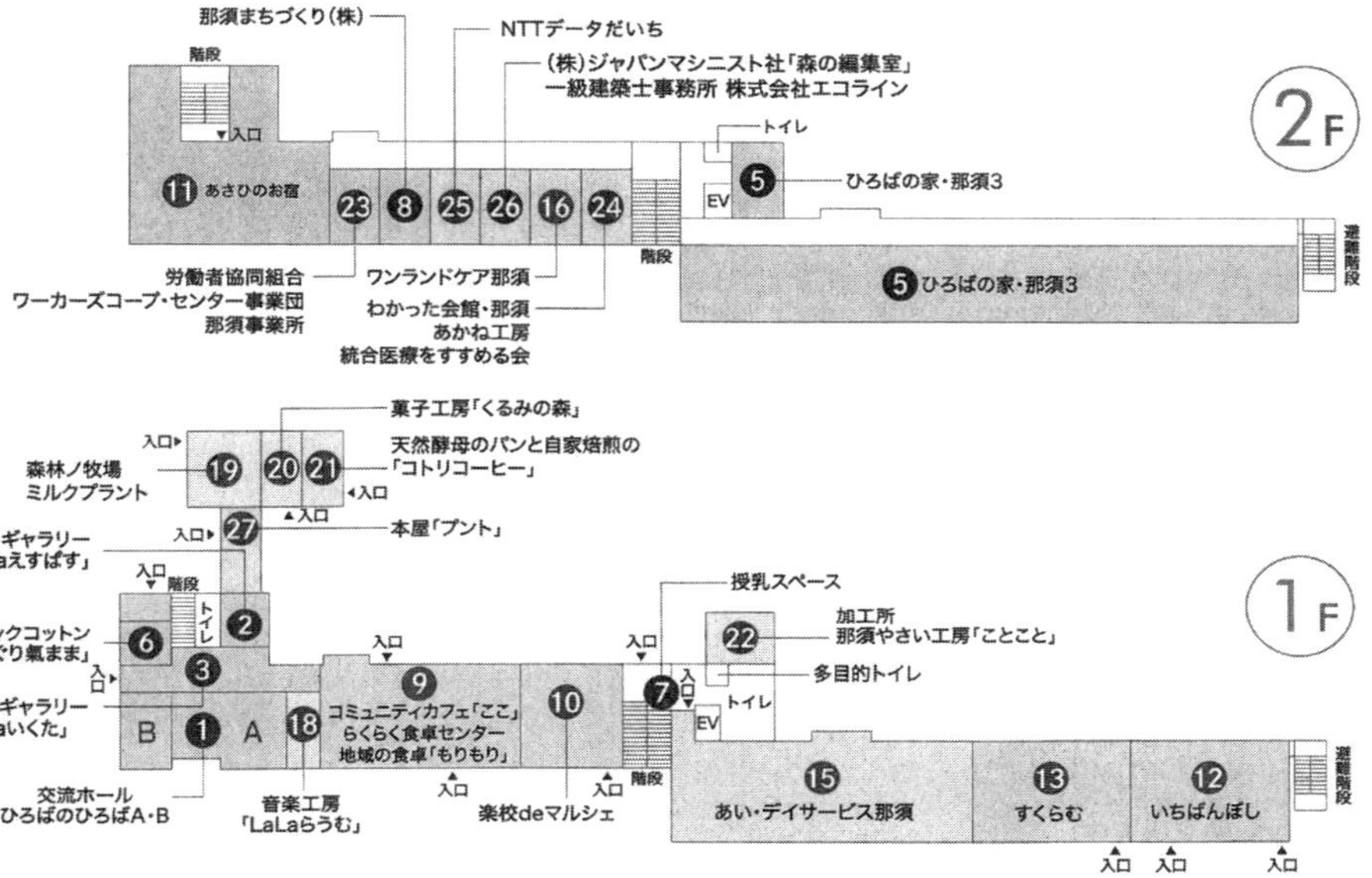

母は移住して間もなく亡くなったのですが、短いけれど二人にとって、貴重な時間になりました。

母の最期はまさに「あっぱれ！」だったと私は思います。朝食後、母は息苦しさを訴えて気を失い、父にもたれかかったそうです。最期のとき、父が母を抱いたのです。母は父のことが大好きだったので、その最愛の父の腕の中で逝くことができたのは、何より幸せなことだったと思います。最期のときをともに過ごせたことは、母にとっても父にとっても、また残された私たちにとっても幸いなことでした。

◉今後の目標

孝　「那須まちづくり広場」では、さまざまな活動をしていますが、根のところは一つだと思っています。社会を変えていく先駆例をつくる活動です。
また、「那須まちづくり広場」のような持続可能な社会を目指す場所がたくさんできるように、ネットワークを活用していきたいと思います。これまでも世界のエコビレッジのネットワークなどでプレゼンしています。「那須まちづくり広場」は統合医療の社会モデルとして、日本統合医療学会でも認定され、世界にアピールできる場所になってきているので、統合医療のネットワークでも広がりが期待できます。

陽 近い目標としては、泊まりがけのパイプオルガンの研修会をやりたいです。私自身も演奏三昧を楽しみつつ、「ＬａＬａらうむ」にある小型パイプオルガンの良さをたっぷり伝えたいのです。

そして、先々の目標としては、あと何年かして、東京での仕事を完成させ　本格的に私も那須に拠点を定めます。

「那須まちづくり広場」には、住宅が3種類あります。自立の方向けサービス付き高齢者向け住宅「ひろばの家・那須1」、介護の方向けサービス付き高齢者向け住宅「ひろばの家・那須2」、多世代賃貸セーフティネット住宅「ひろばの家・那須3」です。さらに通所介護の「あい・デイサービス那須」もあります。そこで、回想法などを取り入れた音楽療法のプログラムが日常の暮らしの中にあるようにしたいのです。さらに訪問看護や介護に同行して、音楽を届ける活動もしたいですね。その準備として、セミナーやワークショップにも取り組んでいきたいと思います。

（２０２３年11月12日談）

いまは焦りや不安もなくなり、一人の生活が楽で楽しいです

〈相棒と両親を看取り、一人で入居のケース〉——川上哲さん（1958年生）

◉自給自足と自然を求めてコミューンへ

東京都立川市の生まれ育ちです。都会育ちだからでしょうか、自然にふれるのが好きで、大学は東京農業大学で、林学を学びました。山岳会に入り、山登りの基本を学び、日本野鳥の会の会員として野鳥観察にも参加していました。

卒業後は造園会社に就職。就職して2年目にはアイルランドとイギリスへ旅行。海外旅行のおもしろさから、お金を貯めては海外旅行をして、海外の山登りもするようになりました。山岳会は続けていて、その仲間たちとペルーへ行くことになり、5年勤めた会社を退職しました。ペルーには4カ月いて、スキーと山登りで楽しみました。

帰国してこれからの生活を考えても、会社勤めをする気になれないでいる時に「自然食通信」という雑誌で「百姓になろう」という記事を読みました。自分の食べるものは自分で作る自給自足の生活、そして有機農業をやり、自然のなかで生活することを目指したいと思いました。

「自然食通信」を中心にいろいろ情報を集め、検討しました。なるべくお金をかけずに農業研修できるところということで探して、1988年島根県の弥栄村共同体へ行きました。

弥栄村共同体は、身一つで行って、働けば、衣食住の面倒はみてくれます。住みこみで働けば、1カ月で1万円の積み立て貯金ができ、1年後にそこを出てもよく、そのときは、12万円受け取れるというところでした。

そこは70年代の全共闘の活動家だった人が作った村で、村の人全員が一つの財布で暮らすというコミューンでした。コミューンは私有財産を否定するという考え方で、村全体が一つの財布で、各々の必要に応じてお金を使うということをしていました。

弥栄村共同体では、主にみそづくり、養豚や和牛の繁殖もやっていました。野菜は難しいですが、スイートコーンやホウレン草などと米作りですね。大阪に営業所というか拠点があって、販売もしていました。

相棒というか連れ合いの弘中敦子とは弥栄村共同体で出会いました。弥栄村共同体の2年目に弘中敦子が入ってきたのです。彼女も有機農業、自給自足の田舎暮らしをすることを目標としていて、意気投合しました。１９９０年に結婚し、その後行動を共にすることになります。

私たちは、事実婚を選択しようと考えていました。それは、連れ合いが夫婦別姓を希望していたからでした。私もそれでいいと思っていましたが、私の親の反対にあい、彼女が折れる形で入籍し、戸籍は、川上敦子になりました。ですが、彼女は職場はもちろん、普段の生活も「弘中敦子」を通しました。当時、夫婦別姓選択制度を求める世論も高まっており、近い将来、法律上も別姓でいけるようになるという希望もありました。

弥栄村共同体には2年いて、今度は、連れ合いとともに「大地を守る会」に入りました。ちょうど生協の配送が共同購入から個人宅配に変わる時期でした。また、「大地を守る会」が初めてレストランを立ち上げるというときで、連れ合いはそのプロジェクトで、レストランオープンを実現したのですが、まもなく辞めました。辞める原因は、だいたい人間関係です。

連れ合いはパン作りが好きでパン作りの教室にも通って学んでいました。パン作りは田舎暮らしにも役立つし、相棒の役にもたてるかと考え、「ルヴァン」に入り、パン作り、焼き菓子つくりを学びました。「ルヴァン」は1980年代から干しブドウ酵母を使ってパンと焼き菓子をつくって販売する、国産小麦と天然酵母の日本における草分け的存在のパン屋でした。

また、私は働く傍ら、私たち二人が有機農業をして田舎暮らしができる場所を探し始めます。「大地を守る会」に納入している農業者のつてをたどったりしながら、新規就農者を受け入れてくれるところを探して、紀伊半島の勝浦や群馬の榛名山の麓なども検討しました。

◉有機農業をして岩手で暮らす

そんな頃、親に何をふらふらしているのか、と怒られましたね。結婚はしたけれど、30代も半ばになっているのに、親のことも考えずに何をしているのかというわけです。これはいよいよどこか行くところを決めないといけないと思っている時、弥栄村共同体で知り合った岩手県の人が、ともかく花巻市に来てそこで住みながら探したらと勧めてくれたので、花巻市へ行くことにしました。

花巻市には10カ月住んで、農家民宿ができるような農地もある古民家を探しました。役場の広報の人の勧めで岩手の有機農業研究会に入って、情報収集もしました。職業訓練校に入れば失業保険も入ると進められて、職業訓練校で改めて造園と新たに板金を学びました。農家民宿をやれるような古民家を探したのですが、なかなかなく、空き家になっている古民家を貸してくれるよう交渉しても断られてしまいました。

結局、町営住宅を勧められ、花巻から車で1時間くらいの奥羽山脈から横手へ行く途中の湯田町（2005年、沢内村と合併し西和賀町）の町営住宅に住むことになりました。農家民宿をやろうとしていたのですが、建築の耐震基準が厳しくなったため、古い住宅では農家民宿を営業する許可はとれないことがわかりました。ですが、民宿を営業はできなくても、お礼をいただくという形での宿泊施設はできると教えてもらったので、民宿もやってみました。風呂を作るのは難しかったので、風呂は、最寄りのJR北上線ゆだ錦秋湖《きんしゅうこ》駅のそばにある日帰り温泉施設に行ってもらうことにしてやってみました。自分たちもその温泉施設を利用していました。

1988年から89年に行われたふるさと創生事業により、湯田温泉郷周辺ではJR北上線の駅周辺に日帰り温泉施設をつくることが各駅周辺で試みられたようです。私たちはJR北上線ゆだ錦秋湖駅のそばに住んでいたので、そばの温泉施設を利用していました。ゆだ錦秋湖駅の横手駅よりの隣、ほっとゆだ駅には全国でもめずらしい温泉付き駅舎があります。これも1989年に町おこし事業として湯田町とJR東日本が共同で駅舎に併設した温泉施設を開業したものです。

民宿がうまくできればと思いましたが、宿泊されるお客のペースに合わせなければならない客商売はむずかしく、自分には合わないと思い、民宿はやめました。

それで有機農業でコメ作り、野菜作りに精を出すことにしました。連れ合いはパンと焼き菓子を作り、一緒にみそづくりもしました。みそづくりの桶は、秋田杉で作ったものを使い、みそづくりの名人に教えてもらいながら、自分でも工夫を重ねて作ったためか、美味しいと評価されました。岩手は酪農も盛んなので、バターも良いものが手に入り、リンゴ農家から商品にならないリンゴをもらってリンゴケーキをつくったりもしていました。

米や野菜は自分たちで食べるほかにお互いの親や友人に買ってもらいました。友人に納豆菌や麹菌をもらって、自家用に納豆やどぶろくも作りました。

私は盛岡市の環境調査会社のアルバイトで野鳥観察調査の仕事を受けました。お話したように、私は学生時代から、「日本野鳥の会」に入っていましたから、野鳥観察調査はちょうどいい仕事で、結構な収入にもなりました。

◉相棒の実家で、相棒を看取る

岩手県湯田町は一方が横手盆地に開かれていますが、三方を奥羽山脈に囲まれている豪雪地域で、冬の雪は大変でした。公道は町が除雪しますが、そこに行くまでの30メートルの道は自分で除雪しなければなりません。２メートルも積もることがあり、苦労しました。

また雪の季節の天候の悪さは鬱陶しかったです。私は東京都立川市出身で、連れ合いは埼玉県出身、二人とも関東出身でした。関東の冬は、寒くても天候は良いのです。ところが雪国は雪空で曇っている。「冬季うつ病」になる人もいるといいます。そんなことがボディブローのように身体にダメージを与えていたのかもしれません。

2006年暮れごろ45歳になっていた連れ合いの身体に異変が起きました。「疲れがとれない」「頭がふらふらする」と言い始め、そのうちにけいれん発作を起こすようになりました。盛岡医科大付属病院まで車で1時間半かけて月に何回も通いました。最終的には頭の病気とわかるのですが。2007年6月には検査入院となりました。

そうなると二人でやっていた生活は、できなくなりました。水田も狭くしましたが、結局まったくできなくなりました。

8月に退院できましたが、右半身マヒの状態になっており、だんだん症状が悪化して、話す言葉を聞き取るのも難しくなりました。連れ合いの親御さんはたびたび様子を見に来てくれていて、相談してくれました。もういままで住んでいた湯田町での生活は無理ということで、彼女の実家へ行くことにしました。

彼女の実家は埼玉県で実家の向かいには国立病院があるという立地で、彼女の父親は臨床検査技師として、定年までその病院に勤めていたのです。そこで、実家に棲んで向かいの病院に通うことになりました。

湯田町の家は、木工所をやりたいという人に譲りました。水田や畑はやる人がいないため、荒れ地に戻ってしまいました。

連れ合いはリハビリに通ったりもしましたが、入退院を繰り返し、症状はどんどん進んで、排尿のコントロールも難しくなり、オムツをすることになりました。彼女のお母さんと交代で介護をすることになりました。身体障がい者認定を受け、2級と認定されました。部屋に手すりを付け、常時車いす使用となりました。

このころ、彼女の主治医の勧めで、ヘルパー資格をとりました。彼女の介護に役立つし、この資格で仕事をすることもできる。連れ合いの実家にお世話になりっぱなしの状態だったので、少しでも仕事ができればいいと思いました。

連れ合いの病状が進行中の折、２００８年7月に私の母にすい臓がんが発見されました。お腹が痛いと緊急搬送、レントゲンを撮るともう余命数カ月という状態。自宅に往診の医者と訪問看護に来てもらいました。病院からホスピスをいくつか紹介されたのですが、聞いてみるとすぐには入れないのです。ところが、往診のお医者さんの中に東京都小金井市の聖ヨハネホスピスの関係者が居て、「何とか段取りするからちょっと待って」と言われ、待っていると、聖ヨハネホスピスに入ることができました。そこに入って2週間、２００８年9月に母は亡くなりました。

さらに、母のすい臓がん発見の前の4月に父の前立腺がんが発見されていたのです。立川の病院から放射線治療のために埼玉の病院を紹介され、入院治療をしているとき、ちょうど母が在宅で訪問治療を受けており、私は母のためにホスピスを探していました。

父は放射線治療後、医者から10年は大丈夫と言われ、それなりに元気でした。医者の言う通り、父は11年後に亡くなりましたが、その間、趣味の鉄道旅行をして、ＪＲ全線制覇をやりとげました。鉄道旅行は、昔から父の趣味で、母が元気な時は一緒に出掛けていたのですが、最期の十年近くは姪と出かけることもありました。

父が亡くなったのは２０１９年です。最後の2年ほどは出かけることはできなくなりました。でももう一つの趣味であるウクレレは最期まで楽しんでいました。

最初に父がウクレレを習ったのは、立川基地の進駐軍の人だそうです。立川基地は米軍のなかでも階級が上の将校が多い基地で、そこには音楽バンドを組んでいる人もいたのです。その人たちに高校生だった父たちが、ギターやウクレレなどの手ほどきしてもらったそうです。その後も父はウクレレを続けていたようで、定年後も改めてウクレレ教室に通ったりして、続けていました。教室の先生とハワイに行ったりもしていました。

父は自身でも死期が近いことはわかっていましたが、まったく悲壮な感じではなかったです。ゆったりとできることをやるという感じでした。父は、ガンが発見されてから11年後の87歳で亡くなったわけです。

母は、2008年9月に亡くなり、翌年9月に47歳で連れ合いが亡くなりました。連れ合いは最期まで病院で点滴をつけていました。最期は肺炎で亡くなりました。

2007年から2009年は連れ合いの闘病と死、母の看取り、父のがん発見と治療と重なっており、生活は一変してしまい、記憶が飛んでいるところもあります。

両親ともガンで亡くなったわけですが、自分もどうせ何かで逝かなければならないのなら、ガンがいいかなと思います。予定がたちますから。

◉福祉の仕事に就き、仏教を学ぶ

連れ合いを見送ってから、八王子市でアパート暮らしを始めました。実家の立川に行きやすく、仕事先にも行きやすい場として八王子市を選びました。ヘルパーの資格を活かして仕事に就きました。町田にできた生活クラブ初のサービス付き高齢者住宅「センテナル町田」の夜勤と府中市で重度障がい者の自立生活をサポートする団体ピュロン（通称チェルシー）のダブルワークを始めました。ピュロンでは、施設を出て、アパート暮らしをしている重度障がい者の24時間をサポートする仕事でした。衣食住すべてをサポートします。希望により、ユーミンのコンサートの同行をしたこともありました。

ピュロンでは介護する・される関係ではなく、対等だという考えで、ここでは技術だけではなく介護の哲学も学びました。また、ダブルワークで働いたので、貯金もでき、「ひろばの家・那須1」に来られたのは、この時の貯金があったおかげです。

連れ合いの弘中敦子は、クリスチャンでした。私も勉強はしていました。彼女が亡くなってから、彼女を身近に感じていたい気持ちもあって、改めてキリスト教を学び、入信も考えたのですが、どうもできませんでした。

川上の家は祖父の代に長野県から東京都立川市に移住してきたのですが、立川の光西寺を菩提寺にしていました。その光西寺で最近まで住職をされていた寿台さんは「お寺は学びの場」として、いろいろ勉強会も開催している方でした。彼の人柄に惹かれ、そこの「仏教と生命倫理——生老病死」に毎月参加するようになり、仏教をもっと学びたいという気持ちになりました。

先頃法名を頂きました。私は自分で考えた名前を法名にしてもらいました。「釋哲生《しゃくてしょう》」と言います。法名は仏教徒としての名前で、在家のまま出家したことになります。まだまだ勉強中ですが、少し方向がみえてきたようにも感じています。

連れ合いと両親の看取りを体験したおかげでしょうか。いまは、人生は、怖いことも焦ることもないのだと思えます。好きな山歩き、自然に囲まれての暮らしを楽しみたいと思いました。岩手県湯田町で彼女と農作業をしながら暮らしている時は、山歩きを楽しむ余裕はありませんでした。

◉「ひろばの家」に出会う

「ひろばの家・那須1」を知ったのは2022年8月「ふぇみん」(1946年に宮本百合子、佐多稲子らにより、戦後最初にできた大衆的な女性団体「婦人民主クラブ」の機関紙)に掲載された記事を読んででした。「ふぇみん」は連れ合いと一緒に読んでいました。2006年に教育基本法改悪反対の集会に参加している時に置いてあって、二人で相談して定期購読することにしたのです。一般紙では得られない情報があるし、事実だけでなく分析記事もあって、社会を見るときの参考になると思いました。いまでも購読しています。

父の死後、八ヶ岳から南アルプスのほうで山歩きを楽しみながら暮らしたいと思い、山梨県北斗市でマンションを探していました。高齢者住宅を探していたわけではありません。ですが、北斗市には、生活クラブで紹介されていた「わがままハウス山吹」があることを知っていました。「わがままハウス山吹」は支援付き共生住まい山吹・多機能型シェアハウスで、要介護状態やターミナル期にも対応する見守り型住宅で、将来、自分に介護が必要になったりしたときには相談できると考えていました。2022年3月と4月に北斗市へ行き、リゾートマンションに目途をつけて空きを待っているところでしたが、8月になっても空きが出ず、どうしようかと思っているちょうどその時、「ふえみん」記事を読んで、那須の「ひろばの家・那須1」を知りました。「那須まちづくり広場」ではおもしろそうなことをやっているし、一般の人も利用するコミュニティカフェや売店もある。そして看取りにも対応するコミュニティ型シェアハウス「みとりえ那須」もある。那須にも山や農地があるので、山歩きも楽しそうだと思いました。もう待つのも嫌になっていたこともあり、見学し、入居を決めました。

八ヶ岳で検討していたのはリゾートマンションでしたが、「ひろばの家・那須1」は、一生住む権利が得られる住まいであり、マンションではなく、戸建て感覚で住めるサービス付き高齢者向け住宅で、毎日の安否確認という見守りシステムもある。身近な3人の看取りをしたので、だいたい必要なことは想像がつきます。ここなら、一人でも最期まで暮らせそうだと思えました。そして、日々は、自由に暮らし、好きな時に山歩きができる環境があると思い、決めたのです。

いま、「ひろばの家・那須1」に入居して、自然が周りにあるので楽しいし、一人で生活するのも楽しく、自分の時間を自分だけで使える贅沢を味わっています。

朝4時に起きて、日本茶を入れて星座を見る。腰痛があるので、ストレッチ、ヨガをやって、歯磨きもゆっくり、30分。食事は自炊が基本です。「那須まちづくり広場」の「コミュニティカフェここや「楽校 de マルシェ」も利用しますが、毎週月曜には黒磯のスーパーマーケットまで「ひろばGO!」で出かけて買い物します。（ひろばGO!とは、会員制の送迎システムで、NPO法人ワーカーズ・コレクティブ「ま〜る」の送迎車の名称。「ひろばの家・那須1」の入居者は、サポート費にその費用が

含まれており、地域の方も会員になり会費を支払うことで利用することができる。↓15ページ参照）

黒田原駅前で地元の野菜などを売っている「みんなの家」には最初は歩いて行ったけど、いまは自転車で行きます。20分ほどで行けます。

晩酌はします。たまに、「みとりえ那須」で週末に開催しているコナカラ食堂の飲み会にも参加しています。それでも夜8時、遅くとも9時には寝ます（「コナカラ」は半分の半分の意味で、お酒では、一升の半分の半分、二合五勺の意。コナカラ食堂は「みとりえ那須」を運営する山田穣さんが命名、山田さん自らが料理の腕をふるい、主に週末に開催している居酒屋風レストラン。参加は予約が基本）。

一人になって、暮らすのが楽だし楽しいと思えるようになりました。一人で過ごす時間は豊かで楽しいです。自然体で暮らしていきます。

いまの季節ですと、山から紅葉が少しずつ降りてくるのを見るのが楽しみです。春になると、緑が上がっていくのを見るのがいまから楽しみです。そんな日々の自然の変化をみられることが、この上なく幸せです。


（２０２３年11月11日談）

◉その後の変化——終着駅は、出発地（２０２４年2月退去届けを出し、3月退去）

今年正月に地元（東京都立川市）に帰って、友人たちと飲みながらいろいろな話をしました。いままで東京でやってきた反基地などの市民活動を捨ててきたわけではないし、未練があることにも気づきました。

地元の立川市は、軍事基地の町です。最近はヘリコプターの演習が多くなって、多いときには5分に1回レベルの　離着陸の音と振動がありました。いま思うと、「ひろばの家・那須1」に契約したのも「こんなに騒音のする立川には住めない」と思ったこともきっかけの一つだったと思います。それで「ひろばの家・那須1」に入居して、「那須まちづくり広場」に住んで、心が落ち着いて、大好きな山登りもできました。

友人たちと話して、まだ身体が動くうちは市民活動に参加していたいと思いました。立川自衛隊監視テント村では、毎月1回デモ活動をしています。何かが起きた時、そのことに緊急で取り組むことも必要ですが、定期的に継続してやるというのが大事なことだと思っています。

登山にも未練があります。那須の冬山は危険なので登れませんが、那須山には何度か登りました。三本槍ヶ岳（福島県西白河郡西郷村と栃木県那須塩原市の境界にある）には11月にお別れをしてきました。冬でも登れる山の近くにいたいし、以前登山していた南アルプス八ヶ岳や北アルプスにもまた行きたい。そして「日本野鳥の会」も再入会して、野鳥観察を続けたいのです。

「那須まちづくり広場」に約1年住んで、心が落ち着いてきて、近隣の山にも登れました。終着駅に来たと思ったのですが、新たな出発の地となりました。何度目かの青春を楽しみます。そして、看取りの時には「那須まちづくり広場」に戻ってきます。「那須まちづくり広場」は第二の実家です。

（2024年2月26日　談）

あとがき——共生のすまいづくりを共につくっていきましょう

『どこで、誰と、どう暮らす？——40代から準備する共生の住まいづくり』を発行したのは、2018年4月。同時期に「那須100年コミュニティ構想」の新たな拠点として開設した「那須まちづくり広場」も、それから7年を経て、日々進化を続けています。

「住まいづくり」は日々創造、変化の毎日ではありますが、今回は、私たちの「住まいづくり」の原点も紹介させていただきました。1985年に開設した「シニアハウス大松」や1988年に開設した「シニアハウス新町」です。「住まいづくり」はコミュニティ創生の活動であり、「まちづくり」であるということとともに、課題を解決していくことは、当事者を中心に、話し合い、助け合い、無いものは創る、という方法が一貫したすすめ方であることも確認いただけたのではないでしょうか。

「那須まちづくり広場」は7年前のスタート時、小規模の改装で出発しましたが、栃木県那須町の旧朝日小学校の廃校活用という大規模なプロジェクトとなり、小学生の学びの場所だったところを、新たに多世代・多様な人々の学びと実践の場、少子高齢社会の新しい共生のコミュニティの場、そして仕事づくりの場へと目指すべく、目標は大きく掲げました。

2019年12月に大きなチャンスがやってきました。この企画が国土交通省の「人生100年時代を支える住まい環境整備事業」に選定されたのです。これを大きな転機として、さらに「職・住・学・遊」を統合する多世代交流と生涯活躍の拠点づくりをすすめようと、そして誰もがどこでも自分らしく暮らせることを目標に、コミュニティの拠点となるよう旧校舎全体を改修しました。同時に屋内プールの大規模改装を開始いたしました。

これが、２０２２年１月、「ひろばの家・那須２」（26戸）として開設。介護が必要な方の向けのサービス付き高齢者向け住宅です。

さらに同年６月、旧校舎東側の２階に多世代賃貸セーフティネット住宅「ひろばの家・那須３」（13戸）を開設、翌年１月には元校庭西側に建設した自立の方向け高齢者向け住宅「ひろばの家・那須１」（49戸）が開設しました。

そして「ひろばの家・那須１」は開設後にも、問い合わせが多く寄せられていることから、校庭の東側に32戸の増築を計画し、２０２５年１月に開設するというところまで来ました。

これらの活動に２０２０年には「地域づくり表彰【小さな拠点部門】」の国土交通大臣賞を受賞。２０２２年には「ふるさとづくり大賞 団体表彰（総務大臣表彰）」を受賞しました。

また２０２４年12月「那須まちづくり広場」の取り組みが第３回「樋口恵子賞」を「株式会社」として初めての受賞をいたしました。「25年にわたり地域コミュニティづくりに関わり、廃校の小学校を核とした多世代多文化の共生型コミュニティを創生。現在約１００人が暮らし、80人が働いている。地域包括ケアを敷地内で完成させ地産地消で歩いて暮らせる少子高齢社会の拠点づくりに取り組み、誰にとっても心地よい居場所づくりを推進」との理由です。

これを新たな発信の機会として、「那須まちづくり広場」を「那須１００年コミュニティ構想」とともに「まちづくり」の一つのモデルとして、全国に広めていきたいと考えています。

また、「那須まちづくり広場」では、環境共生の視点から、校舎の屋上に太陽光発電を設置、井戸の再生なども実践してきましたが、２０２４年から校庭に建築した「ひろばの家・那須１」の庭の排水改善のために出会った有機土木工事による「里山環境再生」を目指す活動も始めています。地球温暖化が大きな問題になっている今日、すべての地域に役立つ試みと思います。

読者の皆さんも、ぜひ一度「那須まちづくり広場」に足を運んでみてください。共生の居場所づくりを感じていただき、共に創り上げていくことが私たちの希望です。またそれぞれの場所で共生の場所づくりの可能性を探すことも応援したいです。

２０２４年12月

近山恵子　櫛引順子　佐々木敏子

◎著者プロフィール

近山恵子（ちかやま・けいこ）

1949年生まれ。那須まちづくり株式会社代表取締役。（一社）コミュニティネットワーク協会那須支所長。親の介護をきっかけに「老後・介護・女性」に関心を持ち、一人でも自立して暮らせるケアの仕組みに携わるようになる。
主著：『こんにちは“ともだち家族”――老後と介護と女性を支える「ともに住まう」新しい生き方』（風土社）、『自分で選ぶ老後の住まい方・暮らし方』（共著、彩流社）、『Oil（老いる）vol.1』（編集代表、ジャパンマシニスト社）他。

櫛引順子（くしびき・じゅんこ）

1951年生まれ。「那須まちづくり広場」広報担当。高齢者向け住宅で、25年間運営に従事。2017年、ゆいま～る那須で同居の母を見送った。

佐々木敏子（ささき・としこ）

1952年生まれ。那須まちづくり株式会社取締役。25年間高齢者住宅の入居相談と企画を手掛ける。認知症の母と有料老人ホームで同居も経験。
著書：『女を装う――美のくさり』（駒尺喜美編、勁草書房、共著）

※3人は20代からの友人、現在「ゆいま～る那須」在住。
共著に『どこで、誰と、どう暮らす？――40代から準備する共生の住まいづくり』（彩流社）がある。
※「那須まちづくり広場」の日々は、こちらでご覧ください。
https://nasuhiroba.com/

※＊「那須まちづくり広場」関連本
・『Oil（老いる）vol.1　あとまわしにしない「生活設計」』2021年、ジャパンマシニスト社。
・『Oil（老いる）vol.2「老後のお金」は足りますか？』2022年、ジャパンマシニスト社。
・＜那須まちづくり広場＞人生ガイドブック　2023年　（一社）コミュニティネットワーク協会那須支所発行

私《わたし》が選《えら》ぶ　高齢期《こうれいき》のすまい活《かつ》

2025年１月23日　初版第一刷

著　者　近山恵子・櫛引順子・佐々木敏子 ©2025

発行者　河野和憲

発行所　株式会社 彩流社

〒101-0051　東京都千代田区神田神保町3-10　大行ビル６階

電話　03-3234-5931

FAX　03-3234-5932

https://www.sairyusha.co.jp/

編集　出口綾子

装丁　福田真一［DEN GRAPHICS］

印刷　モリモト印刷株式会社

製本　株式会社難波製本

Printed in Japan　ISBN978-4-7791-2972-8 C0036

定価はカバーに表示してあります。乱丁・落丁本はお取り替えいたします。